沟通技能训练

◎主　编：廉　捷

外语教学与研究出版社
FOREIGN LANGUAGE TEACHING AND RESEARCH PRESS
北京 BEIJING

图书在版编目（CIP）数据

沟通技能训练 / 廉捷主编. — 北京 ：外语教学与研究出版社，2015.3（2021.2 重印）
ISBN 978-7-5135-5784-9

Ⅰ. ①沟… Ⅱ. ①廉… Ⅲ. ①人际关系学 - 中等专业学校 - 教材 Ⅳ. ①C912.1

中国版本图书馆 CIP 数据核字（2015）第 065825 号

出 版 人　徐建忠
项目策划　吕志敏
责任编辑　王志艳
封面设计　孙莉明
版式设计　永诚天地
出版发行　外语教学与研究出版社
社　　址　北京市西三环北路 19 号（100089）
网　　址　http://www.fltrp.com
印　　刷　北京虎彩文化传播有限公司
开　　本　787×1092　1/16
印　　张　11.5
版　　次　2015 年 8 月第 1 版　2021 年 2 月第 4 次印刷
书　　号　ISBN 978-7-5135-5784-9
定　　价　29.00 元

职业教育出版分社：
　地　　址：北京市西三环北路 19 号 外研社大厦 职业教育出版分社（100089）
　咨询电话：010-88819475
　传　　真：010-88819475
　网　　址：http://vep.fltrp.com
　电子信箱：vep@fltrp.com
　购书电话：010-88819928/9929/9930（邮购部）
　购书传真：010-88819428（邮购部）

购书咨询：（010）88819926　电子邮箱：club@fltrp.com
外研书店：https://waiyants.tmall.com
凡印刷、装订质量问题，请联系我社印制部
联系电话：（010）61207896　电子邮箱：zhijian@fltrp.com
凡侵权、盗版书籍线索，请联系我社法律事务部
举报电话：（010）88817519　电子邮箱：banquan@fltrp.com
物料号：257840001

“十二五”职业教育国家规划教材

职业院校“双证书”课题实验教材

专家委员会

《沟通技能训练》
教材编写组成员

主　编　廉　捷（广东顺德区陈登职业技术学校副校长、广东省职教学会语文与文秘教学指导委员会副主任）

副主编　艾　丹（广东顺德区陈登职业技术学校）

参　编　霍锦焕、丁文玉、李艳飞、林晓玲、李庆振（广东顺德区陈登职业技术学校）

黎　明（广东顺德区梁銶琚职业技术学校）

边相君（广东顺德区陈村职业技术学校）

杨炳光、黄志荣（广东顺德区容桂职业技术学校）

出版说明

实行“双证书”制度，是党中央、国务院适应社会主义市场经济要求，推动职业教育、职业培训改革的重要举措。早在1993年，中共中央在《关于建立社会主义市场经济体制若干问题的决定》中就提出：“要制定各种职业的资格标准和录用标准，实行学历文凭和职业资格两种证书制度”。从那时起，“双证书”制度历经了制度确立、探索试点、积极推进三个发展阶段。2014年，《国务院关于加快发展现代职业教育的决定》（国发〔2014〕19号）指出：“服务经济社会发展和人的全面发展，推动专业设置与产业需求对接，课程内容与职业标准对接，教学过程与生产过程对接，毕业证书与职业资格证书对接，职业教育与终身学习对接。重点提高青年就业能力”“推进人才培养模式创新……积极推进学历证书和职业资格证书‘双证书’制度”。

近年来，国家有关部门为促进就业和提高劳动者素质，对职业院校实施“双证书”制度做出了许多政策安排，“双证书”制度在广大职业院校得到有效推行，学历证书、职业资格证书成为毕业生就业的“敲门砖”和“通行证”。但是，我们也发现，职业院校学历认证和职业资格认证还没有从根本上实现贯通，存在着各行其道、“两张皮”的普遍现象，缺乏连接两者的桥梁和纽带。其中，融合“双证书”的课程与教材建设滞后是关键原因。

为了探索解决这个长期困扰中国职业教育界的难题，人力资源和社会保障部职业技能鉴定中心部级课题《职业技能教学用书开发技术规范和评价体系研究》课题组（项目编号：RS2013-16，以下简称“课题组”）在“双证书”课程资源建设开发方面做了积极研究和有益尝试。课题组认为：“双证书”课程是指实现国家职业技能标准和专业教学标准对接，职业技能鉴定与专业课程学习考核对接的课程，它是使学生在不延长学习时间的情况下，同时获得学历证书和职业资格证书的学校正规课程。加强对“双证书”课程教材开发的研究，对于探索从课程层面做到“双证结合”，引导学校用好现有职业技能鉴定政策，推动学生职业技能和就业竞争力提升，具有十分重要的意义。开发职业技能鉴定与学校课程考试“两考合一”的“双证书”教材，可以形成“双证书”政策落地的基础性教学资源，能够解决推行“双证书”制度、实施“两考合一”的“最后一公里”问题。

为了在教材层面上做到专业教学标准与国家职业技能标准的内容对接，课题组通过研究，编制了《中等职业学校“双证书”课程教材开发技术规范》，主要技术要点如下：一是以专业教学标准为依据，细化“双证书”培养目标；二是以国家职业技能标准为依据，确定“双证书”课程；三是根据双证结合的理念，编制“双证书”课程实施规范；四是结合职场工作实际，开发“双证书”综合实训课程；五是积极改革教学模式，建设“双证书”课程标准；六是根据职教特色，组织编写“双证书”教材；七是做好试题开发组织工作和考务服务，为“两考合一”做好技术保障。这一技术规范为实现教学内容与职业技能标准“双覆盖”、教学过程与岗位要求“双对照”、课程考试与技能鉴定“双结合”的职业院校教材开发目标提供了一个技术指引。

外语教学与研究出版社作为课题参与单位，自2014年开始，陆续开发了中等职业学校机械制造技术、机械加工技术、机电技术应用、机电设备安装与维修、焊接技术应用、汽车制造与检修、汽车运用与维修、电子与信息技术、文秘等九个专业“双证书”课题实验教材。

“双证书”课题实验教材的开发采取专业负责人制，每个专业由一名资深专家对教材建设目标、内容选择与组织进行总体把关，然后指导各册主编分头编写，最后由本专业教学专家、职业技能鉴定专家、企业专家、课程开发专家组成的编审委员会共同审定，确保教材开发符合课题组编制的《中等职业学校“双证书”课程教材开发技术规范》，对接“四新”（新知识、新技能、新产品、新工艺），做到不遗漏知识点、技能点、态度点。

职业院校“双证书”课题实验教材的开发编写遵循了教育部颁布的《中等职业学校专业教学标准（试行）》规定的课程名称、“主要教学内容和要求”，并在教材中融入了相应的五级、四级国家职业技能标准的要求，有助于学生学习掌握职业技能鉴定所要求的相关知识和必备技能，并获取相应等级的职业资格证书。“双证书”实验教材为推动职业院校实施“双证书”制度提供了必要的教学资源支持。

“双证书”课题实验教材的开发，是一个新的探索，欢迎广大中等职业学校和职业高中积极试用，并提出宝贵意见，我们将进一步改进和完善。

职业教育是使“无业者有业，有业者乐业”的伟大事业。让我们携起手来，为建设现代职业教育体系和构建终身职业培训体系尽自己一份绵薄之力。

人力资源和社会保障部职业技能鉴定中心
《职业技能教学用书开发技术规范和评价体系研究》课题组
2015年6月23日

前　言

沟通能力是世界公认的职业核心能力之一。随着我国社会和经济的不断发展，商务交流活动日益增多，对从业者沟通能力的要求也在不断提高。因此，职业学校人才培养过程中对学生沟通能力的培养不可忽视。沟通能力作为秘书岗位所需的重要职业能力，更需要加强培养。基于此认识，编写者开发了这本《沟通技能训练》教材。

一、编写理念

1. 双证融通

本教材基于“双证融通”理念编写。本教材很好地融合了教育部最新的《中等职业学校文秘专业教学标准》（试行）与秘书国家职业技能标准的要求，使学生在取得学历证书的同时，能掌握文秘职业技能鉴定所需要的相关知识与必备技能，完成秘书职业资格证书考试的培训。从教学内容上来讲，本教材将文秘专业教学内容与秘书国家职业技能标准要求相融合；从教学环节上来讲，本教材将文秘专业理论教学与秘书职业技能鉴定的“应知”相融合，秘书工作实践教学与秘书职业技能鉴定的“应会”相一致。

2. 任务驱动

本教材根据中职学生的学习特点，充分体现任务驱动、行动导向的教学理念。教材采用模块教学，设置任务情境，让学生通过“完成任务”的方式进行学习，实现“做中学”、达到“所学即所用”、“即学即用”的目的。

二、编写特点

1. 工作任务体现企业岗位需求

在教材编写过程中，编者走访了大量相关企业进行调研，了解岗位工作任务的实际操作程序和所需知识技能，获得了宝贵的一手资料，并将调研资料进行深入分析整理，融入教材的任务教学，使工作任务设计贴近岗位工作实际。任务情境设计充分结合文秘专业学生的就业岗位，融教、学、做于一体，内容深入浅出，语言通俗易懂，便于激发学生的学习兴趣。

2. 职业技能培养与职业技能鉴定指导相结合

教材中每个任务都设置了“职业技能鉴定指导”栏目。“职业技能鉴定指导”栏目依据国家职业技能标准、职业技能鉴定规范（即考试大纲），设置了“知识技能复习要点”与“模拟训练”两部分。“模拟训练”部分设置多种题型及大量强化训练题供学生做考证练习。这些练习题既有理论测试，又有实践考核，力求对中职文秘专业学生应掌握的技术理论知识和实际操作能力做出客观的测量和评价，以提升学生的职业素养和就业能力，助力于他们将来的职业发展。

三、编写内容

本教材共分为4个模块：电话沟通、网络沟通、面对面沟通、组织沟通。每个模块均由若干个具体的任务组成。全书共14个任务，根据沟通对象的不同，部分任务还设计了若干个子任务，从语言、行为、动作、表情、礼仪等方面进行训练，循序渐进地培养学生的沟通能力。

四、编写队伍

本教材由廉捷（广东顺德区陈登职业技术学校副校长、广东省职教学会语文与文秘教学指导委员会副主任）担任主编，艾丹（广东顺德区陈登职业技术学校）担任副主编，霍锦焕、丁文玉、李艳飞、林晓玲、李庆振（广东顺德区陈登职业技术学校），黎明（广东顺德区梁銶琚职业技术学校），边相君（广东顺德区陈村职业技术学校），杨炳光、黄志荣（广东顺德区容桂职业技术学校）等老师共同编写。

编　者

2014年9月

附：

学时建议表

模块	任务	学时数	学时小计
模块一　电话沟通	任务一　接打电话	6学时	11学时
	任务二　手机短信沟通	3学时	
	任务三　手机管理	2学时	
模块二　网络沟通	任务一　电子邮件沟通	3学时	9学时
	任务二　QQ沟通	3学时	
	任务三　微信沟通	3学时	
模块三　面对面沟通	任务一　接待沟通	4学时	26学时
	任务二　与上司沟通	10学时	
	任务三　与同事沟通	4学时	
	任务四　与下属沟通	4学时	
	任务五　面试沟通	4学时	
模块四　组织沟通	任务一　与企业沟通	2学时	8学时
	任务二　与政府部门沟通	3学时	
	任务三　与新闻媒体沟通	3学时	
总　　计			54学时

目　录

模块一 Module 1 电话沟通

模块概述

电话是目前人们日常工作和生活中必不可少且使用频繁的一种沟通工具。掌握电话沟通的要求和技巧，提高电话沟通技能，对有效达到沟通目标、顺利完成工作任务、塑造个人和企业形象都具有十分重要的作用。

本模块共有三个学习任务，包括接打电话、手机短信沟通和手机管理。通过该模块的学习和训练，你将有效提升使用电话进行沟通的技能及相关职业素养。

任务一　接打电话 Task 1

子任务 1 接听电话

训练目标

1. 能流畅、清晰、简洁地与打电话者进行沟通交流；
2. 能准确理解打电话者的意图和要求，运用声音有效地表情达意；
3. 能按照礼仪要求接听电话。

任务情境

小刘刚刚中职毕业，成功应聘到天碧家具贸易有限公司做秘书。该公司是私有企业，规模不大，主要经营家具贸易。今天是小刘第一天上班。经理交代，最近公司在招聘业务员，会有应聘者打电话询问招聘事宜，请小刘留下应聘者的联系方式，并告诉应聘者公司会在本月底发布应聘面试通知。

假如有此类电话打来，小刘应该如何完成接听电话的工作任务？

训练步骤

1. 小刘在接听电话前应该做好哪些准备工作？

______

2. 小刘应该在电话铃响几声内接听电话最为合适？

______

3. 小刘接听电话时第一句话应该说什么？用什么样的语气来说？

说话内容：______

说话语气：______

4. 请在下表中概括小刘接听电话的主要程序、常用语及语气和态度。

接听电话的主要程序、常用语及语气和态度

步骤	主要程序（概括要点）	常用语（主要语句）	语气、态度
1			
2			
3			
4			
5			

5. 小刘接听完电话后，在挂断电话、放回听筒时应该注意什么？

6. 小刘接听电话时应该记录哪些信息？请列举。

知识与技能

一、认识沟通

1. 沟通的概念

沟通，原意为通过开沟使两水相通；现意为在个人或群体之间，为了预定的目标，将信息、态度、情感进行传递，并相互理解、形成共识的过程。围绕商务活动进行的沟通，称为商务沟通。

2. 沟通的意义和作用

日本著名企业家松下幸之助有句名言："企业管理过去是沟通，现在是沟通，未来还是沟通。"可见，无论何时，企业管理都离不开沟通。沟通良好，益处多多，主要有：

（1）能清晰地表达自己的意愿，准确地传递信息；

（2）能使人更好地聆听和作答，减少误解；

（3）能呈现良好的个人职业素养，树立良好的企业形象；

（4）能增进彼此的了解，增进感情，建立良好的人际关系；

（5）能使双方获得更多的信息，促进合作。

3. 沟通的形式

按照不同的标准，沟通可以分为不同的形式。

（1）按照沟通传递信息的形式，可以分为语言沟通和非语言沟通；

（2）按照沟通人员所属的范围，可以分为内部沟通和外部沟通；

（3）按照沟通双方在组织中所属的层次，可以分为纵向沟通和横向沟通；

（4）按照沟通主体的文化背景，可以分为同文化沟通和跨文化沟通。

4. 沟通的特点

（1）沟通所传递的信息具有多样性

沟通可以传递语言信息，也可以传递非语言信息。语言（包括口头语言和书面语言）可以用来传递信息、表达思想和观点，还可以表达态度；非语言信息包括肢体语言、面部表情、衣着打扮、空间距离、语气语调等，一样可以表情达意。所以，沟通所传递的信息是多样的、综合的。只有结合语言信息和非语言信息，才能准确判断沟通所传递信息的真实意义。

（2）沟通是实现相互理解的过程

美国著名学者斯蒂芬·P. 罗宾斯认为，沟通就是“意义的传递和理解”。从这点来说，沟通是一个过程。有效的沟通，要求信息发出者和信息接收者对信息的理解是一致的，所以，沟通也是实现相互理解的过程。沟通最基本的层次是传递信息，第二个层次是理解和接受，最高层次是促使对方产生行动。

（3）沟通是双向互动的过程

任何成功的沟通都是双向沟通的过程。沟通的最终目的是促使沟通对象与自己达成思想、观念、认识上的一致，进而付之行动。要达成共识，就需要沟通双方交换信息，并通过多次的信息传递和交换，促进相互理解。因此，沟通目标的实现不是单方面可以完成的，而是沟通双方互动的结果。

5. 沟通的障碍

在现实情况中，沟通过程并不是畅通无阻的，常常存在这样或那样的障碍，从而导致沟通效果不理想、沟通失败或无法实现沟通目标。常见的沟通障碍主要有以下几种。

（1）信息传递障碍

空间距离、所处环境、信息传递设备等多种因素，都可能造成信息传递障碍，使信息不能从信息发出者有效传递给信息接收者。这类障碍往往具有客观性，但确实会影响沟通的有效性。

（2）语言障碍

世界上的语言是丰富多样的，这也导致沟通中必然存在语言障碍。由于语言的差异常常会导致沟通双方无法沟通，或沟通不畅，甚至产生误解。特别在口头沟通中，这方面的问题更多，如口音太重、口齿不清、语速太快、语意不明等。

（3）个体心理障碍

沟通是建立在个体对信息的理解基础上的。由于人们在年龄、性别、性格、教育背景、职业、地位等方面存在差异，可能对同一个信息产生不同的理解，对同一个情境有不同的感受，这样就会造成沟通上的障碍。另外，沟通者的情绪和情感因素，也会导致沟通障碍。

（4）文化差异障碍

沟通者的思想、观念、认知都是建立在特定文化背景之下的。文化背景不同，人们对

事物的认识、看法和态度也不一样，人们的思维方式和行为方式也不同，这自然会造成沟通上的障碍。在国际化的形势下，跨文化沟通越来越重要，要求沟通者的素质与时俱进。

6. 沟通的背景与渠道

沟通的背景是指沟通所处的总体环境，包括心理背景、社会背景、文化背景和物理背景。

沟通的渠道是信息传输的媒介，通常由信息发出者来选择，主要有正式沟通渠道和非正式沟通渠道两种。

（1）正式沟通渠道

正式沟通渠道有链式沟通、轮形沟通、环形沟通、全渠道形沟通、Y 形沟通和倒 Y 形沟通六种，如图所示：

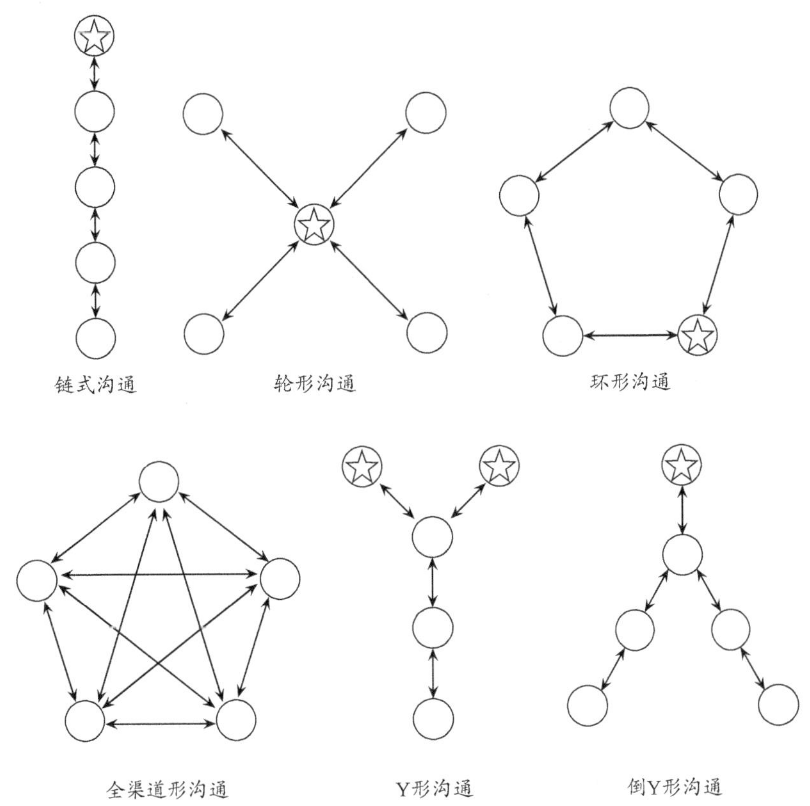

① 链式沟通。它是指信息在五个层次中逐级传递，只能上行沟通和下行沟通。居于两端的人只能与其相邻的一个成员联系，而居中的人则可以分别与两端的人沟通信息。

② 轮形沟通。这种沟通属于控制型网络沟通，其中只有一个人是各种信息的汇集点与传递中心。

③ 环形沟通。它是指五个人之间的沟通，管理者对两个下级进行沟通，而两个下级再分别与各自的下级进行沟通，基层再相互进行沟通。其中，每个人都同时与两侧的人沟通。

④ 全渠道形沟通。它是指每个人与其他四个人都能自由地相互沟通，并无明显的中心人物。

⑤ Y 形沟通。它是指在四个层次的逐级沟通过程中，两位管理者通过一个人或一个部门进行沟通，这个人或部门是沟通的中心。

⑥ 倒 Y 形沟通。它是指在四个层次的沟通中，一位管理者通过一个人或一个部门进行沟通，与 Y 形大同小异。作为“瓶颈”的这个人或部门一定要善于沟通。

（2）非正式沟通渠道

非正式沟通渠道是在一种缺乏组织的自然状态下产生的，主要有单串型沟通、饶舌型沟通、集合型沟通、随机型沟通四种，如图所示：

单串型沟通

饶舌型沟通

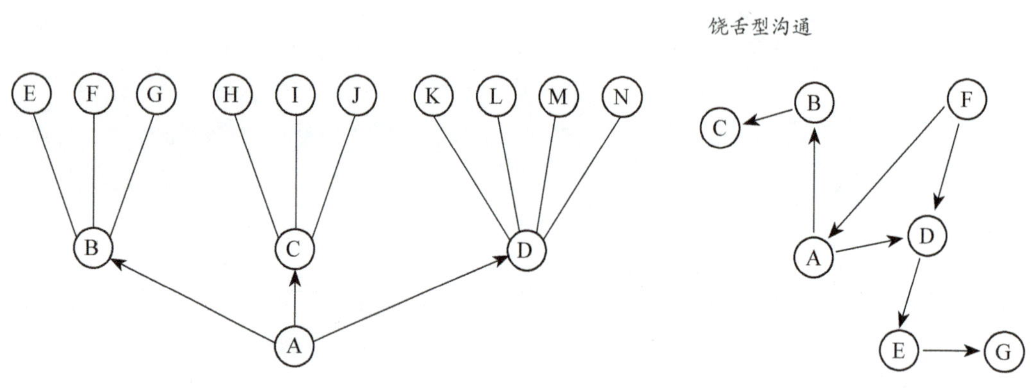

集合型沟通

随机型沟通

① 单串型沟通。它是指信息在非正式沟通渠道中依次传递，即一个人转告另一个人，后者也只再转告一个人。

② 饶舌型沟通。它是指信息只由一个人告诉其他所有的人。这个发出信息的人是非正式沟通渠道的关键人物。

③ 集合型沟通。它是指在沟通渠道中有几个中心人物，由他们将信息转告其他若干人，再由这些人将信息传递出去。

④ 随机型沟通。它是指信息由一个人传递给某些人，这些人又随机将信息传递给其他人，即想告诉什么人就告诉什么人，并无一定的中心人物或选择性。

二、商务沟通的发展趋势

1. 跨文化沟通日趋频繁

全球一体化趋势对商务沟通提出了新的课题和挑战。由于文化差异，交流时会产生“文化震惊”和“文化误解”，从而形成沟通的障碍。当一家企业面对具有多元文化背景的合作伙伴、竞争对手或者自己的员工时，要求企业管理者、商务人员和员工掌握更多的跨文化沟通知识和能力，灵活运用跨文化沟通技巧和方法，来应对新的问题和挑战。

2. 信息技术应用更加普遍

信息技术的迅猛发展、网络的普及为商务沟通提供了有效的沟通工具，使商务沟通突破了空间和时间的限制，组织成员之间的信息交流更为便利和快捷，信息沟通的效率日益提高。人们可以借助电子邮件、QQ、微信实现信息的即时传递。信息收集、处理与交换的实时化，大大提高了商务沟通的质量和效率。但同时，伴随商务沟通出现的信息爆炸、信息安全问题也日益突出，需要加以重视。

3. 对沟通能力的要求更高

随着商务沟通中信息技术的广泛运用和商务沟通全球化的趋势，企业对商务人员沟通能力的要求不断提高。特别是跨文化沟通，它涉及知识、礼仪、素养、价值观、习惯等多方面的内容，以及表达能力、理解能力、解决突发问题的能力等多方面的能力，对商务人员的综合素质要求较高。因此，企业员工只有加强沟通能力培养，提高综合素质，才能在商务沟通中取得成功。

三、电话沟通的特点和基本要求

1. 电话沟通的特点

（1）优点

电话沟通具有便捷的优势，随着通信技术的发展，现在人们拿起电话就能与千里之外、万里之遥的人沟通；同时，电话沟通无须身体语言，对方看不到表情，沟通者的心理压力小。

（2）不足

电话沟通的不足有：一是受环境影响，如嘈杂、封闭、偏僻的环境条件会影响接听效果；二是沟通形式单一，只有声音，没有肢体语言，可能会使对方产生错误的印象和理解。

2. 电话沟通的基本要求

（1）声音清晰，语速适当；

（2）表达流畅，语言简洁；

（3）态度热情，语气亲切；

（4）仔细聆听，条理作答；

（5）做好记录，及时转达。

3. 接听电话的注意事项

（1）做好接听准备。电话旁应准备好纸和笔，以便随时记录重要信息。

（2）及时接听电话。一般应在电话铃响三声之内接听。如因特殊情况不能及时接听，应在方便时及时回复电话，并主动说明原因。如有几个电话同时打来，应按照尊者优先的原则接听电话。

（3）注意接电话的环境。尽量避免在嘈杂环境，或不宜接听电话的环境中（如会议中、加油站、医院就诊、上课时等）接听电话。

（4）注意肢体语言。接电话时虽然对方看不到你的肢体语言，但是你的表情和姿势会影响说话的语气、声调。所以，不要板着面孔接电话，不要趴着、仰着、歪斜着身体接电话。

（5）要耐心有礼。在交流中不随便打断对方，应及时进行回应，如回应“嗯”“好的”“明白了”“OK”等词句。如果为了节约时间想终止交谈，应该礼貌地提醒对方，在适当的时候委婉表达结束交谈的意愿，且要多使用敬词“您”、致歉词“不好意思”、致谢词“谢谢”等。

（6）记录要详细、准确。对关键信息如地址、时间、来电人姓名及身份、数据等，要重复询问，详细记录内容，并仔细核对，确保无误。

（7）听到电话铃响，如果正在嚼东西，不要立刻接听电话，应迅速吐出口中的食物，再接听电话。

（8）对拨错的电话要礼貌回应，不要发脾气或态度生硬。

（9）接到投诉电话，千万不能与对方争吵，要耐心倾听、解释说明。

（10）不要轻易泄露同事的手机号，更不能泄露其家里电话。

（11）挂断电话后要轻轻放回听筒。

4．接听电话的主要程序和常用语举例

（拿起听筒）

（1）问候

常用语如：“喂，您好！”

（2）自报家门

常用语如：“我是 ×× 公司 ×× 部门的 ××。”

（3）询问对方，确认身份

常用语如：“请问您是哪个公司的？怎么称呼您？”

（4）交流、洽谈

常用语如：“您有什么事情？请讲！”

（5）致谢、道别

常用语如：“谢谢您！再见！”

（挂断电话，轻轻放回听筒）

巩固训练

阿华是西安沈晖贸易有限公司王总经理的秘书。一天，王总临时有急事外出，交代阿华要留意接听办公室电话，说广州的客户张总之前约好上午10点左右，会来电询问红酒代理项目的合作意见。王总还交代阿华转告张经理他同意合作，并索取张经理的邮箱地址，以便发送合作协议草案。快到10点的时候，电话铃响起。阿华看了看来电显示，估计应该是广州张总的来电，于是拿起了听筒。

请根据以上情境，按照接听电话的流程，两人一组，模拟完成阿华接听张总电话的全过程。

职业技能鉴定指导

知识技能复习要点

1. 能理解沟通的意义和作用，清楚电话沟通的优点和不足；
2. 能掌握接听电话的基本要求和主要程序；
3. 会运用常用的规范语句接听电话；
4. 能掌握电话沟通在语言表达上的技巧。

模拟训练

一、单项选择题

1. 有效的沟通是（　）。

A. 对方赞成你的观点　　B. 对方知道你要沟通的内容

C. 对方明白你沟通的方法　　D. 对方对你的沟通有回应

2. 在信息传递与反馈过程中，不属于沟通障碍的是（　）。

A. 模糊的语言　　B. 沟通时背景声音太嘈杂

C. 不同意对方的观点　　D. 不愿意听对方说话

3. 沟通的准确含义是（　）。

A. 个人或群体之间为了某种目的所进行的信息传递与反馈过程

B. 人与人之间为了某种目的所进行的信息交流

C. 人与人之间、人与群体之间所进行的信息传递与反馈过程

D. 人与人之间、人与群体之间为了某种目的所进行的信息交流

4. 沟通的背景是指沟通所处的总体环境，它不包括下列选项中的（　）。

A. 影响沟通双方情绪和态度的心理背景

B. 影响沟通的物理背景

C. 影响沟通双方社会角色及其相互关系的社会背景

D. 影响沟通传递方式的渠道背景

5. 接听电话一般在电话铃声响几声之内接听为宜？（　）

A. 一声　　B. 两声　　C. 三声　　D. 多响几声以后

6. 接听电话时，以下哪种姿势最恰当？（　）

A. 躺着　B. 端正坐着　C. 趴在桌子上　D. 仰坐在椅子上

7. 接听电话应该保持哪种情绪？（　）

A. 兴奋　B. 激动　C. 烦躁　D. 平静

二、多项选择题

1. 现实生活中，常见的沟通障碍有（　　）。

A. 信息传递障碍　B. 语言障碍　C. 个体心理障碍　D. 文化差异障碍

2. 按照沟通传递信息的形式，沟通可以分为（　　）。

A. 组织沟通　B. 网络沟通　C. 语言沟通　D. 非语言沟通

3. 电话沟通的优点有（　　）。

A. 便利　B. 沟通者心理压力小

C. 信息传递速度快　D. 可以不用肢体语言

4. 关于非正式沟通，说法正确的有（　　）。

A. 非正式沟通是在一种缺乏组织的自然状态下发生的沟通

B. 非正式沟通渠道有单串型、饶舌型、概论型、密集型

C. 随机型沟通是指信息由一个人传递给某些人，这些人又随机将信息传递给其他人

D. 单串型沟通渠道是指信息由一个人告诉其他所有的人

5. 以下哪些语句是沟通反馈时可用的礼貌用语？（　　）

A. 您的意思是说……　B. 是不是明天提交文件？

C. 我听不清楚，你再说一遍。　D. 我想再和您确认一下信息。

三、判断题

1. 接听电话时，只需注意声音和语气，不用考虑表情。（　）

2. 接完电话后，可以马上挂断电话。（　）

3. 接电话要注意多使用礼貌用语，以便给对方留下良好的印象。（　）

4. 接听电话时，把重要的信息记在脑子里就行。（　）

5. 在电影放映厅看电影时，有电话打来，可以接听电话。（　）

四、技能实训题

阿华所在的西安沈晖贸易有限公司准备做一次进口红酒的产品推介会，想邀请本地好多多连锁商店采购部胡经理参加，推介会定于2014年8月25日上午10点在龙华酒店举行。

请两人一组，模拟阿华与胡经理有关产品推介会邀请电话的交谈过程。

子任务 2 拨打电话

训练目标

1. 能清晰、准确、简洁地与接电话者进行沟通交流；
2. 能准确表达打电话的意图和要求，运用声音有效地表情达意；
3. 能按照礼仪要求拨打电话。

任务情境

小陈是广州筝翔贸易有限公司的秘书。一天，公司的张经理交代小陈打电话给湖南的供货商黄经理，说他想这两天约请黄经理吃饭，以表谢意，看黄经理何时方便，并顺便征求黄经理的就餐建议。

小陈应该如何完成这个电话约请的工作任务？

训练步骤

1. 小陈在拨打电话前应该做好哪些准备工作？

（1）

（2）

2. 小陈在什么时间给黄经理打电话最为合适？请写出具体的时间段。

3. 小陈拨打电话时语言表达应该注意哪些方面？应该使用哪些肢体语言？

语言表达：

肢体语言：

4. 请在下表中简要概括小陈拨打电话的主要程序、常用语及语气和态度。

拨打电话的主要程序、常用语及语气和态度

步骤	主要程序（概括要点）	常用语（主要语句）	语气、态度
1			
2			
3			
4			
5			
6			

5. 小陈打电话时应该记录哪些信息？

6. 小陈打完电话后，还需要做什么事？

知识与技能

一、拨打电话的基本要求

1. 做好拨打准备

了解有关沟通目标的基本资料；准备好对方的相关信息，如电话号码（办公电话和手机）、姓名、职务、性别、单位等；根据沟通对象的特点制定不同的电话沟通策略。

2. 准确拨打电话

拨打电话前要核实电话号码是否正确；拨电话号码要细心，尽量保证不按错数字键；拨完号码后，应再次核对号码是否正确，如有错误，应立即挂断，重新拨号。

3. 表达清晰、准确、简洁

语言表达要有层次，条理清晰，如可以使用“第一”“第二”“第三”区别表达层次，并可以通过改变语速和语调来进行强调和突出。

语句要规范，用词要准确，不要出现语句不完整、用词不恰当、表达逻辑混乱等问题；对于关键信息如地址、时间、姓名、数据、专业术语、专用名词、职务头衔等，要确保表述准确无误。

为保证电话沟通的高效，语言要简洁，遵循“三分钟原则”，用简练的语言清晰表达自己的意思，达到沟通的目的。

4. 语音、语气、语调恰当

电话沟通中虽然对方看不到你的表情，但是你的语音、语气、语调一样可以传达情感和情绪信息。所以，打电话时要注意表达的语音、语气、语调，给接听者留下一个友好、亲切、热情的好印象，并准确地表情达意。一般来讲，打电话都要用比较轻柔的声音、温和的语气，比如“喂”，是用普通话的上声还是去声，用长音还是短音，是用急促的语气还是平静的语气，所传递的态度、情绪、状态是不一样的。抑扬顿挫的语调可以更好地表情达意，更准确地传递说话者表达的重点和思想感情。

5. 选择合适的通话方式和时间

商务沟通一般要选择使用办公电话拨打给对方的办公电话，且应在上班时间拨打。如果事情比较紧急，而对方的办公电话打不通，再拨打对方手机。拨打时间最好选择在对方上班半小时后至下班前半小时这个时间段，具体时间上午在 10 ~ 11 点比较合适，下午在

3 ~ 5 点为宜。最适宜打电话的时间是星期二 ~ 星期四，原因是：星期一是一周工作的开始，一般工作都会很忙，打电话最好避开这天；星期五是一周工作的最后一天，也不宜电话联系。

6. 礼貌结束通话

无论是否能够达到通话的目的，都应该在适当的时候礼貌结束通话。在结束通话之前，可将通话的重点内容和关键信息做简要复述，以确保信息的准确性；然后用礼貌的语言结束通话。如果电话沟通没有达到预期的目标，一味拖延通话时间，过多纠缠，会让对方产生反感。

二、拨打电话的注意事项

1. 注意打电话的环境、场所

尽量避免在嘈杂或信号不好的环境，及不宜使用电话的场所拨打电话。

2. 注意情绪，使用恰当的称谓

情绪不好会影响说话的语气和声调，让对方产生误解，所以，拨打电话前要调整好自己的情绪。应该根据通话对象的不同，以及与通话对象的关系和熟悉程度来灵活选择、使用称谓，如初次通话要使用全名，熟悉的人可使用简称，关系比较密切的可使用昵称。

3. 不要在对方的休息时间、就餐时间打电话

除非特殊和紧急情况，不要在早上 7 点以前或晚上 10 点以后拨打对方电话。

4. 做好电话记录，及时传达和回复

拨打电话与接听电话一样，都要做好电话记录。除此之外，还要将拨打电话的情况及时反馈给上司或相关部门人员，以加强信息沟通。

5. 注意控制通话的时长

商务通话时长一般在 3 ~ 5 分钟，所以语言要简洁，可以使用双方都明白的简称，不宜过多寒暄，用一两句话过渡后，就可以进入主题，以提高通话效率。

6. 再次拨打的注意事项

在没有拨通电话的情况下，一般不要马上再次拨打，因为对方可能目前不宜接听电话，反复拨打会让对方厌烦；如果通话中途电话断线，可稍后约半分钟再次拨打，并解释原因。

7. 配合肢体语言，态度友好

电话交谈时要配合微笑、点头等肢体语言，不要躺着或仰着打电话；不要语气生硬、语调低沉，否则会给对方留下不好的印象。

三、拨打电话的主要程序和常用语举例

1. 拿起听筒，拨号

一般左手拿听筒，以方便右手记录。

2．问候，确认对方

这是打电话的开始。要使用礼貌的电话沟通用语，显示打电话者的良好素养，如：“喂，您好！请问您是 ×× 吗？”

3．致歉，自报家门

这个环节是表示对对方的尊重。一般来讲，打电话者应主动自报家门，然后说出要找的人。给陌生人或不熟悉的人打电话，要自报单位、身份、姓名，如：“不好意思，打扰您。我是 ××。”如果是很熟悉的人，可以不用自报家门，用寒暄语做开场白，如：“阿玲，在忙什么啊？”

4．说明打电话的意图，征求通话意愿

这个环节的常用语有：“我有件事想咨询（请教、询问、麻烦等）一下您。”“不知您现在方便不方便接听电话？”“可否耽误您几分钟？”

5．交流互动，记录信息

这个环节是打电话的主要环节，要一边听，一边交流，一边记录，随机应变。

在征求对方意见时，如果自己没有特别的要求，可以用开放式问题，如：“您什么时候有时间？”如果想设定一个时间条件，最好用半开放式的问题，如：“这个星期您什么时候有时间？”如果还想增加时间条件的限制，就用选择问句，如：“您是今天下午有时间，还是明天上午有时间？”

如果对方对你提出的问题一时还没有具体的想法时，你可以引导对方，或提出你的建议。如：“您喜欢吃湘菜还是粤菜？”“您有没有兴趣去品尝……？”交流中，要偶尔停顿以得到对方的反馈。

如需他人留言，要告诉接电话的人记下需转述的话语或主要信息，如：“麻烦您记下时间和地点，并请转告他明天回复我。”

6．致谢道别

这个环节是打电话的最后环节，应该充分展示电话礼仪，先致谢再道别，如：“谢谢您！不打扰您了，再见！”

巩固训练

阿欣是楚天市家具协会的秘书。最近，家具协会准备为会员单位筹划举办一个家具营销高级培训班，资金和场地都已经落实。为提高培训的档次，此次活动拟邀请全国著名营销讲师王元教授担任主讲嘉宾。阿欣在大学读书时听过王教授的讲座，印象很深刻。所以会长把邀请王教授来讲座的重要任务交给了阿欣，并希望她圆满完成任务。

请根据以上情境，按照拨打电话的流程，两人一组，模拟完成阿欣邀请王教授的全过程。

职业技能鉴定指导

▶ 知识技能复习要点

1. 能掌握拨打电话的基本要求和主要程序；
2. 会使用常用语清晰、准确、简洁地拨打电话；
3. 能掌握拨打电话的技巧，并能根据不同的通话对象灵活使用这些技巧。

▶ 模拟训练

一、单项选择题

1. 拨打电话一般在以下哪个时间为宜？（ ）

A．上班的第一时间　　B．上班半小时以后

C．上班的任何一个时间　　D．下班前 10 分钟

2. 打电话时应语言简洁，以下哪句话最简洁？（ ）

A．我是广东省广州市天河区天河电影院的王 ××

B．我是广州市天河区天河电影院的王 ××

C．我是天河区天河电影院的王 ××

D．我是广州天河电影院的王 ××

3. 秘书小刘打了几次张总的办公电话都没人接听，所以她准备拨打张总的手机。她选择上午哪个时间打最合适？（ ）

A．6 点　　B．7 点　　C．8 点　　D．10 点

二、多项选择题

1. 要保证拨打电话语言的层次清晰，使用以下哪些语言比较恰当？（ ）

A．首先、其次　B．第一、第二　C．这个、那个　D．1、2、3

2. 以下哪些环境不适宜拨打电话？（ ）

A．电梯内　　B．会议中　　C．超市　　D．马路边

3. 接听电话时不应有的情绪是以下哪几种？（ ）

A．热情　　B．激动　　C．烦躁　　D．郁闷

三、判断题

1. 拨打电话时，要注意语音、语气、语调和表情。（ ）
2. 打电话说完要事后，可以马上挂断电话，不用多说礼貌客套话。（ ）
3. 为节约通话时间，应多使用简称。（ ）
4. 拨打电话时，重要的信息要重读慢读。（ ）
5. 打电话要根据通话对象的不同和彼此的熟悉程度来选择恰当的称谓。（ ）

四、技能实训题

楚天市家具协会准备在 2014 年 12 月 25 日举办 2014 年度协会年会。协会准备邀请校企合作单位飞翔职业技术培训学校刘校长参加。协会秘书阿欣负责邀请工作，会长吩咐阿欣不仅要发电子和纸质版的邀请函，还要打电话邀请。

请模拟阿欣打电话邀请刘校长参加年会的交谈过程。

子任务 3 转接电话

训练目标

1. 能主动转接电话，维护良好的人际关系及良好的企业形象；
2. 能礼貌地与打电话者沟通交流，完整并准确记录转接电话的内容；
3. 能根据转接电话的要求，及时转达电话的内容。

任务情境

骏辉家具厂是一家新办企业，该厂的负责人一直想去本地家具行业龙头企业隆盛家具厂参观家具制造设备，学习企业管理经验。于是，骏辉家具厂行政部黄主任跟隆盛家具厂办公室李主任取得联系，提出了本周去隆盛家具厂参观学习的请求。李主任将此事提请总经理批示，总经理答应了骏辉家具厂的参观学习要求，并确定了具体时间（本周五上午10点）和联系人（总经理助理小赵）。李主任给黄主任打电话回复此事，恰巧黄主任外出，秘书小余接的电话。

小余应该如何与李主任进行沟通？

训练步骤

1. 小余简单问候后，应该说什么话来主动表达由她转接电话的意思？

2. 请在下表中简要概括小余转接电话的主要程序、常用语及语气和语调。

转接电话的主要程序、常用语及语气和语调

步骤	主要程序（概括要点）	常用语（主要语句）	语气、语调
1			
2			
3			
4			
5			
6			

3. 小余接电话时应该重点记录哪些内容？应采取哪些方法保证记录信息的准确性？

记录的内容：

采取的方法：

4. 小余转接完电话后，还需要做什么事情？

知识与技能

一、转接电话的基本要求

1. 说明情况，提出转接意愿

接电话时，如果对方要找的人不在，应先说明原因，然后判断对方有无让你转接电话的意图，如果有，要主动表达转接电话的意愿，表示礼貌和对对方的理解。

2. 准确理解，详细记录

转接电话内容如果较多或信息不易记忆，就需要记录，以达到准确转达的目的。转接记录要详细，包括时间，地点，单位名称，联系人的姓名、身份与电话号码等。重点信息要正确无误，特别是有数据的信息和区别性的信息，要记录准确、书写正确。

3. 及时转达转接电话的内容

完成转接后，要本着负责任的态度，及时把转接内容告诉需要转达的人，并做到准确转达。

二、转接电话的注意事项

1. 注意判断对方的转接意愿

如果对方很快挂断电话，就表示不需要转接电话；如果对方反复询问他要找的人的去向，或者犹豫不决，一般都有转接电话的需要，这时，你就可以主动表达转接电话的意愿。

另外，如果沟通内容涉密，也不宜代为接听电话。

2. 注意记录转接内容的方法

记录转接电话，要仔细听、认真确认、详细记录，这样可以保证记录的内容准确、全面。

3. 注意使用习惯用语

转接电话的习惯用语如："请问需要我帮您转达吗？""您请说，我记下来。""我核对一下信息，看有没有出入。”“还有什么需要我转达的吗？”等。

4．注意使用普通话

接听电话时要尽量使用普通话，避免造成沟通困难和理解误会，影响转接电话的效果。

5．注意态度

接听转接电话时，要态度热情、语气和蔼、礼貌应答、以维护良好的人际关系，展现良好的企业形象和个人素养。

三、转接电话的主要程序和常用语举例

1．问候，自报家门，确认身份

常用语如：“喂，您好！这里是 ××，请问您是哪位？”“我是 ××，请问有什么可以帮您吗？”

2．说明原因，表达转接意愿

常用语如：“不好意思，×× 外出办事。需要我代为转告吗？”

3．仔细聆听，记录转接内容

常用语如：“您稍等，我来记录一下。”“您请说，我会做好记录。”

4．重复内容要点，核对关键信息

常用语如：“我最后与您核对一下。”“您听听我记录得是否准确？”

5．再次询问有无其他需要

常用语如：“还有什么需要我转达的吗？”

6．致谢，道别，挂断电话

常用语如：“谢谢您的来电！再见！”“我们常联系！再见！”

巩固训练

小范是长天贸易公司的秘书。一天，销售部胡经理打来电话说他打听到了老板苦苦寻找的一个合作伙伴的信息，姓名、电话、所在公司名称和办公地址都有。恰巧这时老板在接待一个重要客户，不方便接听胡经理的电话，而胡经理又赶着出差，马上要上飞机。

请根据以上情境，按照转接电话的流程，两人一组模拟完成小范与胡经理通话的全过程。

职业技能鉴定指导

▶ 知识技能复习要点

1. 能掌握转接电话的主要程序和基本要求；
2. 会恰当使用习惯用语转接电话；

3. 能准确记录并及时转达转接电话内容。

▶ 模拟训练

一、单项选择题

1. 一般在哪种情况下不宜代为接听电话？（ ）

A．接电话的人外出了　　B．接电话的人在听另外一个电话

C．电话内容保密　　D．打电话的人希望给予回复

2. 要保证转接电话的准确性，以下哪种记录方式最佳？（ ）

A．边听边记在一张纸上　　B．边听边记在脑子里

C．边听边记在记事本上　　D．只记录下对方电话，让当事人回复

3. 老板在开会，秘书小刘两次接到同一个人的电话找老板，第二次接听时她应该选择以下哪种方法处理这件事最有效？（ ）

A．告诉对方老板不方便接电话　　B．告诉对方过会儿再打来

C．主动表达转接意愿　　D．告诉对方老板现在有事

二、多项选择题

1. 以下哪些表达能较好地体地现接电话者的素养？（ ）

A．你有什么事情？　　B．请问有什么可以帮您？

C．我有空就帮你转达　　D．请问需要我帮您转告吗？

2. 记录转接电话信息应该做到哪些方面？（ ）

A．信息准确　B．内容完整　C．书写规范　D．要求明确

3. 转接电话应该保持什么样的情绪？（ ）

A．热情　B．耐心　C．急躁　D．冷淡

三、判断题

1. 转接电话时，要主动表达出乐意转接的态度。（ ）

2. 转接完电话后，应及时转达接听的内容。（ ）

3. 转接电话过程中，为保证信息记录准确，应与对方进行核对。（ ）

4. 转接电话时，重要的信息要复述一遍，以加强记忆。（ ）

5. 对于上级领导的电话，不要表示你的转接意图。（ ）

四、技能实训题

天悦公司计划于 2014 年 12 月 30 日晚 7 点在佳嘉酒店举办 2015 年新年庆祝晚宴。潘总经理想邀请合作伙伴深泽贸易公司陈总经理参加晚宴。潘总给陈总打电话，恰逢陈总出差，是陈总秘书小范接的电话，潘总请小范代为转达他的邀请。

请模拟秘书小范与潘总通话的过程。

任务评价

任务学习评价表

评价项目	评价关键点	配分	自评分	互评分	教师评分
沟通态度	能主动沟通，积极合作	10			
	与人交流热情、真诚	10			
口头语言	能使用礼貌用语接听电话	10			
	能熟练运用习惯用语	10			
	语言表达流畅、简洁	10			
	能运用恰当的语音、语调准确地表情达意	10			
肢体语言	能面带微笑接听电话	10			
	能运用正确的姿势接听电话	10			
电话记录	做电话记录及时准确、转达记录内容	10			
文明礼仪	拿放听筒做到轻拿轻放	5			
	挂断电话做到尊者优先	5			
合　计		100			

 任务二　手机短信沟通

训练目标

1. 能运用手机短信进行信息传递；
2. 能礼貌、简洁地与沟通对象进行沟通交流；
3. 能运用手机短信交流增进情感，维护人际关系。

任务情境

小赵是琼尔贸易有限公司的秘书。一天中午快下班的时候，总经理突然交代小赵通知公司各部门负责人下午3点到公司会议室开一个临时会议。小赵赶紧逐个打电话通知，但市场部黄经理的电话总是打不通，小赵只好用手机发短信通知。

小赵如何通过手机发短信完成会议通知的工作任务？

训练步骤

1. 小赵起草的手机短信内容应该由几个部分构成？请写出各部分的具体内容。

2. 小赵为保证及时掌握黄经理接收手机短信的情况，他应该在手机短信中提出怎样的要求？

3. 小赵给黄经理发完手机短信后，还要给总经理反馈会议通知的情况。请写出小赵给总经理汇报会议通知情况的手机短信内容。

4. 如会前半小时小赵还没有接到黄经理的手机短信回复，小赵应该如何处理？

知识与技能

一、手机短信的优点

1. 信息传递速度快

运用手机短信功能，信息接收者能即时收到信息，信息传递速度快。

2. 节省通信费用

手机短信费用较低，还有助于节约电话费。

3. 提高工作效率

手机短信有群发功能，同一信息向多个目标发送，只需一个人在几分钟内就可以完成，大大提高了工作效率。

4. 沟通交流便捷

手机短信具备“信”的功能，除传递信息外，还可加强双方的沟通交流，且不受时间和空间的限制，沟通方便。特别是在没有时间或者不方便面谈的情况下，手机短信的沟通优势更为突出，人们可以借助手机短信进行沟通交流，从而达到相互理解、消除误会、增进情感的目的。

二、拟写手机短信的基本要求

1. 写作结构完备，格式规范

手机短信虽短，但一样有“信”的写作结构和规范格式，写作结构一般包括开头（称谓、问候、自报家门）、主体内容、结尾、署名几个部分。短信的写作结构和常用语举例如下：

手机短信的写作结构和常用语举例

开头	主体内容	结尾	署名
尊敬的××，您好！我是××。	将时间、地点、事件等内容简洁得体地表述清楚	感谢您的支持！ 祝您旅途愉快！ 收到请回复，谢谢！	单位+姓名

2. 称谓、署名恰当

根据接收者的身份、年龄、性别和与发信人的关系，恰当选用称谓。通用的称谓是“姓名（姓）+先生（女士）”，还可用“姓名+职务（职称）”和“姓+职务（职称）”。熟悉的人可使用简称，关系比较密切的可使用昵称。署名一般采用“单位+姓名”的方式，熟悉的人可使用简称，仅用姓或名就行。

3. 语言精练、准确

由于手机短信容量有限，所以语言要精练，表意要准确，达到言简意赅的效果。还要特别注意避免产生歧义，用字要正确，时间、地点等信息要准确、详细、具体。

三、使用手机短信沟通的技巧

1. 使用手机短信表达赞美或感谢，进行情感交流

众所周知，表达赞美或感谢是人与人之间的情感交流方式，也是增进人际关系的一种技巧。如果你不善言辞，或者不宜当面表达赞美之意，或者没有机会当面表达感谢之意，可以借助手机短信来进行交流，让对方感受到你的心意，从而增进双方的情感。

2. 使用手机短信进行解释，取得相互理解，消除误会

手机短信是一种很好的沟通交流方式。我们在工作中往往会因误会产生矛盾，甚至发生冲突，在矛盾或冲突发生的当时，解释往往是没有效果的。不妨在事后利用短信进行解释和说明，这时双方比较冷静，沟通效果也会更理想。

3. 使用手机短信发送节日祝福，维护关系

如今，在重要节日用手机发送祝福短信，已经是一种非常普遍的祝福方式了，但千篇一律群发短信不会引起接收者的特别关注和兴趣。如果能亲自编写有针对性的祝福短信，会更体现诚意，效果会更好。

4. 编辑手机短信要多用礼貌用语，展现文明素养

手机短信中常用的礼貌用语有："您好！""麻烦您！""打搅您！""谢谢您！""感谢您！""不好意思又打搅您了！"等。这些礼貌用语有助于展现发信息者良好的素质。

四、使用手机短信沟通的注意事项

1. 不要忘记署名

为了让接收者确认发送者的身份，一般在手机短信结尾都需要署名。

2. 保存重要信息

保存重要信息，以备需要时查看，也可避免反复询问对方，使其厌烦。

3. 恰当表意

恰当使用简称、标点符号及表情符号，避免表意错误，产生歧义。

4. 时间恰当

恰当把握手机短信发送的时间，一般不要在休息时间发送手机短信。

5. 及时回复

及时回复对方的手机短信，以免耽误事情，也可表达对发送者的尊重。

6. 字句精短

每条手机短信不宜字数过多，一般超过 50 字的，可分两条来发，否则接收者可能没耐心看完。

巩固训练

元旦就要到了，秘书小赵接到老板的指令：起草几条节日祝福短信，并用手机发送出去。

1. 给全体员工发送节日祝福短信；
2. 给公司各部门负责人发送节日祝福短信；
3. 给常年合作的公司老总发送节日祝福短信。

请根据以上情境，按照发送手机短信的要求，模拟完成小赵的短信拟写及发送的任务。

职业技能鉴定指导

知识技能复习要点

1. 了解手机发送短信的常用功能；
2. 会使用规范的格式和准确、简练的语言拟写手机短信；
3. 能掌握手机短信沟通的技巧，并能恰当使用手机短信进行沟通交流。

模拟训练

一、单项选择题

1. 一般在以下哪个时间不宜给客户发送手机短信？（　）

A. 下班后　　B. 上班时间　　C. 上班前　　D. 晚上 10 点以后

2. 以下手机短信称谓最恰当的是哪一项？（　）

A. 尊敬的 ×× 公司 ×× 经理　　B. 尊敬的 ×× 经理

C. 敬爱的 ×× 公司经理 ××　　D. 亲爱的 ×× 女士

3. 以下手机短信署名中最恰当的是哪一项？（　）

A. ×× 公司小张　　B. ××（姓名）

C. ×× 公司 ××（姓名）　　D. 张小姐

二、多项选择题

1. 手机短信的自我介绍使用以下哪些语言比较恰当？（　　）

A. 我是 ×× 公司的 ××　　B. 我是 ×× 公司的总经理 ××

C. 我是 ××　　D. 我是 ×× 公司的李先生

2. 通过手机短信可以与客户进行哪种情感的交流？（　　）

A. 感谢　　B. 发牢骚　　C. 赞美　　D. 祝福

3. 下列手机短信中语意不明的是哪几项？（　　）

A. 明天 8 点在公司门口集合

B. 诚邀您今晚 7 点在必胜客就餐

C. 本周二下午 2 点在南苑宾馆多功能会议室开会

D. 15 号（周三）上午 10 点在市政府大门口集中乘车出发

4. 以下哪些情况适宜使用手机短信进行沟通？（　　）

A. 对方很忙的时候　　B. 对方在外出差的时候

C. 节日或对方有喜庆事情的时候　　D. 对方没有耐心或兴趣面谈的时候

三、判断题

1. 接到手机短信后，多数情况下都要及时回复。（　）
2. 用手机发送完短信即完成了沟通。（　）
3. 由于每条手机短信有字数限制，为节约字数，应多使用简称。（　）
4. 发送手机短信前，重要的信息要认真核对，以保证信息的准确性。（　）
5. 要根据彼此的熟悉程度恰当使用手机短信称谓。（　）
6. 手机短信是“延迟性沟通”，一般不会影响接收者的工作。（　）

四、技能实训题

马年春节就要到了，秘书小赵回到老家过年。他准备发送一条手机短信给自己的老板董经理，感谢老板这一年来对自己的关心、指导和帮助；同时，还准备回复办公室同事小文的春节祝福手机短信。

请根据以上情境，模拟编发这两条手机短信。

任务评价

任务学习评价表

评价项目	评价关键点	配分	自评分	互评分	教师评分
沟通态度	主动沟通，态度热情、真诚	10			
格式规范，用语恰当	写作结构、内容完备	20			
	称谓、署名恰当	5			
短信编辑	格式规范，用语恰当	20			
	语言简练，表意清楚	20			
沟通技巧	能使用手机短信进行情感交流，消除误会	10			
	能使用手机短信发送节日祝福，维护关系	5			
文明礼仪	自觉使用礼貌用语	10			
合　计		100			

任务三　手机管理 Task 3

训练目标

1. 理解手机管理的意义；
2. 具备管理手机的意识，掌握管理手机的策略和方法；
3. 学会运用手机管理的方法提高手机沟通的效率。

任务情境

秦辉是月光商场新招聘的秘书。最近，秦辉连续两次受到经理的批评，原来都是手机惹的祸。一次是秦辉上班忘记带手机，恰巧有个客户有急事找他，多次给他打电话都无法联系到他，结果公司不仅失去了一笔业务，还使得客户很不满意；一次是因为秦辉外出办事手机没电了，经理有急事需要他协助，但怎么也打不通他的手机，结果影响了工作。经理觉得秦辉需要加强对自己手机的管理。

训练步骤

1. 采取哪些措施能保证手机每天有足够的电量？

（1）________

（2）________

2. 如何防止忘记随身携带手机？

____

3. 在不便接听电话的场合应该怎样管理手机？

____

4. 采取哪些措施可以保证及时接听手机或接收手机短信？

____

5. 如发现没有及时接听手机或接收手机短信应该如何处理？

____

6. 在与人交流或与人聚餐时，应该如何管理自己的手机？

（1）________

（2）

（3）

知识与技能

一、管理手机的意义

1. 管理好手机，能充分发挥手机的多种功能

手机是目前最便捷的通信工具，具备电话联络、收发信息、保存资料等多种功能。管理好手机，可以帮助你快捷地联系到需要联系的人，传递和接收信息，保存重要的资料，进行及时的沟通和交流。同时，智能手机还具备了上网的功能，可以快速查询信息或资料。总之，在信息时代，手机已经成为工作和生活中不可或缺的通信工具。

2. 管理好手机，有助于维护正常的工作和公共秩序

在会议、特殊的场所（加油站、医院、电影院等）中，都需要遵守相应的管理规定，不要随意拨打、接听手机，可以避免手机产生各种干扰，有利于工作和社会生活安全、有序地开展。

3. 管理好手机，能展示良好的个人素质和企业形象

在目前经济全球化的时代，商务交流与合作日趋频繁，竞争也更为激烈，对人的素质和礼仪的要求也在提高。而在手机使用过程中，必然会涉及礼仪问题。在开会期间频繁地看手机、发短信，在团队聚餐时做“低头一族”自娱自乐，在公众场合大声讲电话等，这些行为都是不尊重他人、缺乏礼仪和修养的表现，会影响你的个人形象，甚至公司形象。

二、管理手机的策略和方法

1. 及时充电

每天晚上就寝前，记得查看手机的电量，根据以往的手机用电情况和第二天的工作与活动，确定是否需要充电，以保证第二天手机能正常使用。在办公室和家里，都要准备手机充电设备以方便充电。

2. 随身携带手机

每天早上出门前，记得查看是否携带手机，并及时开机查看有没有需要回复的电话和信息；下班回家前，再查看是否带上手机，以防把手机落在办公室。

3. 及时调整手机响铃模式

上班期间，应根据工作需要，开启手机的振动、静音模式，以防在特殊场合干扰工作秩序；之后要及时恢复正常铃声，以防不能及时接听和收发信息。手机铃声音量要适中，声音要柔和，有美感。

4. 及时查看回复来电和短信

在开会时和不能使用手机接听电话的特殊场合，应抽空查看手机，看有无重要电话打来或者紧急信息需要回复，如有必要可礼貌离席进行回复。

如手机放在包里，要不时拿出来看看，以防因为听不到铃声而未能及时接听电话、接收短信。在聚餐聚会时，最好把手机放在桌面上，方便及时接听电话和回复短信。

特别是上司打来的电话或发来的短信，一定要及时回复。

5. 注意保存重要的信息，以备查看；及时删除不重要的短信，以防占据储存空间，影响新短信的接收

应及时把经常有工作联系和业务往来的人的电话号码储存在手机电话簿中；特别重要的人的电话号码可以设置为便捷拨打方式，或排在电话簿的最前面，以方便拨打。

巩固训练

朱莉是明珠酒店总经理的秘书。最近，酒店在筹备十周年店庆活动，所以她的电话和手机短信很多。店庆当天朱莉负责接待嘉宾，手机则是非常重要的联络工具，要“机不离手”。

如果你是朱莉，店庆当天应该如何做好手机管理工作？请你帮朱莉列出手机管理工作的内容和具体的注意事项。

职业技能鉴定指导

▶ 知识技能复习要点

1. 明确手机管理的意义；
2. 能掌握手机管理的方法，培养手机管理的良好习惯。

▶ 模拟训练

一、单项选择题

1. 下面哪种场合不需要将手机铃声调整为静音？（　）

A．上课时　　B．重要会谈时

C．做会议记录时　　D．吃饭时

2. 上班时，手机最好放在哪里才不影响工作？（　）

A．抽屉里　　B．手包里

C．办公桌面上　　D．随身携带

3. 开会期间有陌生电话多次打来，这时应该采取的最佳措施是什么？（　）

A．短信回复不便接听　　B．不搭理

C．礼貌离席接听电话　　D．接听电话

二、多项选择题

1. 手机是否需要充电，应考虑哪些因素？（　　）

A. 以往的使用经验　　B. 第二天手机使用的频率

C. 手机目前的电量　　D. 手机电池的耐用程度

2. 保存手机信息需要注意哪些问题？（　　）

A. 重要信息要及时保存　　B. 不重要的短信不必理会

C. 不重要的短信应及时删除　　D. 特别重要的人的电话应记在记事本上随用随查

3. 以下哪些手机铃声比较适合商务场合？（　　）

A. 经典音乐　　B. 摇滚乐曲　　C. 轻音乐　　D. 流行歌曲

三、判断题

1. 手机管理能力是商务人员必备的能力之一。（　）

2. 手机管理不是专业技能，不必太在意。（　）

3. 手机管理涉及商务礼仪，会影响一个人的职场形象。（　）

4. 管理好自己的手机，有利于维护正常的工作秩序。（　）

5. 如果上司打来电话，一定要及时接听或回复。（　）

四、技能实训题

朱莉这个周六要参加一个好朋友的婚礼，并负责在婚宴上帮忙招呼参加婚礼的亲朋好友和嘉宾。但是上司说周六有个贵宾（公司重要的客户）来访，具体时间还没有确定，因此上司交代她要随时注意查看手机短信，以便及时安排接待工作。

朱莉应该采取哪些措施来管理自己的手机，以保证能及时做好接待公司贵宾的工作？

任务评价

任务学习评价表

评价项目	评价关键点	配分	自评分	互评分	教师评分
管理意识	具备自觉管理手机的意识	10			
课堂学习	能运用生活经验完成练习	15			
	能借助知识完成学习任务	15			
	积极思考，表达简明	10			
手机管理	能掌握管理手机的策略和方法	15			
	了解手机的常用功能	15			
合作学习	能主动沟通、积极合作	10			
沟通礼仪	能及时回复电话和短信	10			
合　计		100			

模块二 Module 2 网络沟通

模块概述

网络沟通是指通过基于信息技术的计算机网络来实现信息沟通活动。随着科技和经济的发展，网络逐渐成为人们日常工作和生活中一种必不可少的、使用频繁的沟通工具。掌握网络沟通的要求和技巧，提高网络沟通技能，对有效达到沟通目标、顺利完成工作任务、塑造个人和企业形象都具有十分重要的作用。

本模块共有三个学习任务，包括电子邮件沟通、QQ 沟通和微信沟通。通过该模块的学习和训练，你将有效提升使用网络通信工具进行沟通的技能，提升相关职业素养。

任务一　电子邮件沟通

Task 1

训练目标

1. 能了解电子邮件沟通的特性及需要使用电子邮件的情况；
2. 能熟练掌握电子邮件发送的技巧；
3. 能撰写出合适的电子邮件文本；
4. 能合理运用电子邮件回复的技巧。

任务情境

中职毕业后的小玉，应聘到某IT公司担任人事部秘书。人事部王经理是小玉的直属上司。今天一早小玉上班，王经理就交代她发电子邮件通知新进员工从下周开始进行为期一周的入职培训。经理特别强调，新员工在培训前要仔细阅读培训计划书，明确培训目的、内容和要求，以确保培训的效果。下午，小玉刚刚以电子邮件的方式发布完本月员工的工资明细表，技术部的张峰和李明、客服维修部的王强就发来邮件，质疑其本月的加班补助。公司对加班补助标准有明文规定，只是加班的天数是由员工所属的主管部门确认统计上报的，小玉只是负责核算。

假如你是小玉，你该如何运用电子邮件处理以上事务？

训练步骤

1. 小玉用电子邮件通知新进员工培训时，发送对象应该包括哪些人？请对主送人与抄送人做出具体区分。

主送人：＿＿＿＿＿＿＿＿＿＿＿＿＿＿＿＿

抄送人：＿＿＿＿＿＿＿＿＿＿＿＿＿＿＿＿

2. 电子邮件的主题应该怎样拟写才能引起收件人的重视？

＿＿＿＿＿＿＿＿＿＿＿＿＿＿＿＿＿＿＿＿

3．请参考下列项目提示尝试撰写电子邮件正文。

项目	电子邮件正文内容
称呼	
问候语	
主体内容	
祝福语	
发电子邮件时间	
签名档	

4．电子邮件需添加附件时应当如何处理？

5．小玉发送这封电子邮件时需要注意些什么？

（1）

（2）

（3）

6．小玉如何确认培训通知的电子邮件收件人已知晓？她还可以做些什么？

7．假如你是秘书小玉，对张峰、李明和王强发来的电子邮件，你会立即给予回复吗？选择单独回复还是集体回复？回复时你的态度应该怎样？

8．对张峰、李明和王强的电子邮件如何回复才恰当？请写出回复的具体内容。

知识与技能

一、电子邮件沟通的特性

电子邮件（e-mail）往来是一种重要的职场沟通方式，电子邮件沟通的特性在于：

（1）能让所有参与方对所讨论的论题及相关事实根据、结论、达成的共识一目了然，并保持跟进，直至工作完成。

（2）能准确及时地记录事项进程和行动细则，因此也充当了每个工作项目历史档案的功能。

（3）在出现意见不和时，过往电子邮件是最好的证明。因为电子邮件能让人关注事实而不是一时的感受或辩论矛盾，并以合理的方式解决意见不和及争端。

但需要注意的是，电子邮件沟通不是万能的，它不能代替面对面的沟通，也不能解决充满争议和复杂的问题。如果口头沟通更有效率，请不要使用电子邮件沟通。

二、需要使用电子邮件的情况

（1）发送正式的工作报告；

（2）部门之间事务往来；

（3）发送通知；

（4）进行知识推荐和信息传递；

（5）没有见面交流条件的沟通；

（6）说明难以简单用口头说清楚的事项。

三、电子邮件发送的技巧

1. 发送对象选择技巧

（1）正确区分收件人、抄送人与密送人

收件人，是主要阅读电子邮件的人，也是要处理这封电子邮件，理应对邮件予以回应的人。

抄送人，是只需要知道这封电子邮件的内容，没有义务对电子邮件予以回应的人。当然，如果抄送人有建议，也可以回复。

密送人，即收件人、抄送人都不会看到的收信人。密送功能仅适用于非常规情况。

（2）注意收件人的排列顺序

收件人的排列应遵循一定的规则，如按部门排列、按与事情关联密切的程度排列、按职位等级从高到低排列等。

（3）注意电子邮件的发送对象的选择

① 工作计划或任务类的电子邮件。工作计划或任务主送下达的对象，抄送直接上级、间接上级、部门内部相关领导。为保持部门对外的一致性，原则上只有一个有关该计划或任务的电子邮件可以跨部门传达，特殊情况可以根据需要处理。

② 项目通报类的电子邮件。项目通报类邮件主送给项目小组成员，抄送给项目小组成员的直接上级、项目主要领导。

③ 寻求跨部门支持的电子邮件。此类邮件一般主送给能给予支持的人，抄送给他的直接上级，同时抄送本部门的直接上级，这样往往可以获得其他部门更好的支持。

2. 附件发送技巧

（1）带有附件的应在正文中提示收件人查看附件；

（2）附件文件应按有意义的名字命名，正文中应对附件内容做简要说明，特别是在电子邮件带有多个附件时；

（3）如果附件是特殊格式文件，应在正文中说明打开方式，以免影响使用；

（4）附件数目不宜超过 4 个，数目较多时应打包压缩成一个文件。如果附件过大，应分割成几个小文件分别发送。

3. 电子邮件发送时应注意的事项

（1）非重要的一般性的沟通，避免为了知会的需要而将电子邮件抄送给直接领导和间接领导；

（2）避免将细节性的讨论意见发送给公司高级管理人员，特别是高级管理人员不能深入了解的业务细节；

（3）可见面直接交流的，尽量避免将同一个主题的讨论内容反复发给全部收件人及抄送人；

（4）对发件人提出的问题不清楚或有不同意见，应该与发件人单独沟通；

（5）不能随便向群体电子邮箱发送不必要邮件。

四、电子邮件文本撰写的技巧

1. 电子邮件主题

人们通常会根据主题判断电子邮件的重要性，因此一定要注明主题，且要使用含义明确、精练的主题。为了强调电子邮件的重要性，也可以在主题中使用特殊的符号提示。

2. 电子邮件正文

（1）称谓与问候

如果不是经常交流的对象，记住在电子邮件开头以恰当的称谓称呼对方，以示礼貌，并引起主要收件人的关注。

（2）正文

① 内容。电子邮件的内容切忌长篇大论，应尽量简单明了地表达。多用图表，可以使表达的内容更加清晰明确。尤其在单纯的文字形式难以描述清楚的时候可以合理利用图片、表格等形式来辅助阐述。注意邮件内容不要过多，一封邮件尽可能只针对一个主题，不要在一封邮件内谈及多件事情。尽量在一封邮件内将信息交代完整，不要过一会儿再发“补充”或者“更正”之类的电子邮件。也不要随意地传送过大文件而造成网络“塞车”。

② 语气。电子邮件的语气要尽量保持正式和礼貌。

③ 格式。电子邮件的格式与书信类似。注意字号要大小适中，字体尽可能统一。如果写英文电子邮件，要特别注意不可全用大写。

（3）签名

① 签名档信息不宜过多。签名档信息包括姓名、职务、公司、电话、传真、地址等，但信息不宜行数过多，一般不超过 4 行。你只需将一些必要信息放在上面，对方如果需要更详细的信息，自然会与你联系。

② 不要只用一个签名档。日常的电子邮件可能会发送给公司内部、公司外部、私人朋友、熟悉的客户等不同群体，签名档信息应该根据情况增删，过于正式的签名档会让你与对方显得疏远。你可以设置多个签名档，灵活调用。

③ 签名档字体字号与正文字体字号匹配。签名档文字应选择与正文文字匹配的字体，或中文简体，或中文繁体，或英文，以免出现乱码。签名档的字号一般应比正文字号小一些。

五、电子邮件回复的技巧

1. 及时回复电子邮件

重要电子邮件理想的回复时间是两小时内。对优先级低的电子邮件的回复一般不要超过 24 小时。如果事情复杂，你无法及时确切回复，也要及时做出响应，哪怕只是确认收到。如果你正在出差或休假，应该设定自动回复功能，提示发件人，以免影响工作。

2. 进行针对性回复

你的电子邮件如果是答复某问题，最好把相关的问题抄到回件中，然后附上答案；还应该进行必要的阐述，让对方一次性理解，避免反复交流，浪费时间。

3. 回复不得少于10个字

对方给你发来一大段文字，你却只回复“是的”“对”“谢谢”“已知道”等字眼，这是非常不礼貌的。回复最少要有 10 个字，显示出你对对方的尊重。

4. 不要就同一问题多次回复讨论

如电子邮件交流不畅，应采用电话沟通、面对面沟通等方式进行交流后再做判断。对于较为复杂的问题，多个收件人都依次做出回复，将导致电子邮件过于冗长而难以阅读，因此，项目负责人应及时对之前讨论的结果进行小结，突出有用信息。

5. 要区分单独回复和回复全体

如果只需要单独一个人知道的事，单独电子回复给他一个人即可。如果你对发件人提出的问题做出结论响应，应该回复全体相关人员，让大家都知道，但回复全体相关人员前要三思而行，确认你的结论是最终结论，因为向上司频繁发送没有确定结论的电子邮件会显得你工作不够严谨。

6. 主动控制电子邮件的来往

为避免无谓的回复、浪费资源，可在文中指定部分收件人给出回复，或在文末添上“全部办妥”“无须回复”“仅供参考，无须回复”等语句。

六、电子邮件沟通注意事项

1. 沟通确认和反馈

对于重要沟通事项，在发送电子邮件后最好电话提醒对方关注，请对方确认收到电子邮件。如果迟迟无回复，可尝试再次提醒。

2．转发敏感或者机密信息要小心谨慎

不要把内部信息，尤其是敏感或者机密信息转发给外部人员或者未经授权的接收人。

巩固训练

小玉的公司近期在进行员工绩效工资制度改革，人事部王经理让小玉通过电子邮件收集一下大家对该制度改革的看法和意见。

请你运用所学的电子邮件沟通技巧帮助小玉完成任务。

职业技能鉴定指导

▶ 知识技能复习要点

1．了解电子邮件沟通的特性和需要使用电子邮件的情况；

2．掌握电子邮件发送的技巧；

3．掌握电子邮件文本撰写的技巧；

4．掌握电子邮件回复的技巧。

▶ 模拟训练

一、单项选择题

1．以下关于电子邮件沟通的特性的说法不正确的是（　　）。

A．来往的电子邮件可以成为沟通的证据

B．能准确及时地记录事项进程和行动细则

C．让所有参与方对所讨论的论题一目了然

D．可以替代面对面的沟通

2．要处理电子邮件，理应对该电子邮件予以回应的人是（　　）。

A．收件人　　B．抄送人　　C．密送人　　D．以上都不是

3．有关工作任务安排的电子邮件应当（　　）。

A．主送直接上级　　B．抄送下达的对象　　C．主送下达对象　　D．不需要抄送任何领导

二、多项选择题

1．下面哪些情况需要使用电子邮件沟通？（　　）

A．发送正式的工作报告　　B．部门之间的事务往来

C．发送通知　　D．没有见面交流条件的沟通

2．以下做法正确的有（　　）。

A．重要电子邮件理想的回复时间是 2 小时内

B．回复越简明越好，比如“好的”“谢谢”

C．对于较为复杂的问题，多个收件人依次做出回复，容易导致电子邮件过于冗长而难以阅读，因此项目负责人应当及时对之前讨论的结果进行小结

D．为避免无谓的回复可在文末添上“仅供参考，无须回复”

3. 下列关于电子邮件文本撰写正确的说法有（　　）。

A．内容应当清晰明确

B．为了避免电子邮件过大，可将一个电子邮件分成多个电子邮件来发

C．有附件的电子邮件应当在正文中加以说明，提示收件人查看附件

D．签名档信息不宜过多

三、判断题

1. 如果口头沟通更有效率，请不要使用电子邮件沟通。（　）

2. 人们通常会根据主题判断电子邮件的重要性，因此一定要注明主题。（　）

3. 撰写电子邮件时语气要尽量保持正式和礼貌。（　）

4. 不要频繁地向上司发送没有确定结论的邮件。（　）

5. 电子邮件发送后，相关的沟通工作任务就全部完成了。（　）

四、技能实训题

公司技术员李明递交的辞职申请已批下来，人事部王经理让小玉通知李明办理离职手续。小玉打电话给李明，可惜李明电话已暂停使用，小玉就打算通过电子邮件来联系李明。

请两人一组，一人扮演小玉，一人扮演李明，运用电子邮件发送、撰写与回复相关技巧完成该任务。要求：在真实的网络环境下进行电子邮件沟通的演练。

任务评价

任务学习评价表

评价项目	评价关键点	配分	自评分	互评分	教师评分
电子邮件发送的技巧	发送对象选择正确	10			
	附件发送方法正确	10			
电子邮件文本撰写的技巧	邮件主题简明扼要	10			
	正文内容表达清晰完整	20			
	语气正式、礼貌	10			
	格式正确、签名得体	10			
电子邮件回复的技巧	回复及时	10			
	回复内容得当	10			
	回复方式选择正确	10			
合　计		100			

任务二　QQ 沟通

训练目标

1. 了解 QQ 沟通的功能与特点，能保证与他人顺畅沟通；
2. 能熟练运用 QQ 沟通的技巧，提高与人沟通的效率，提升工作业绩。

任务情境

小李是长河证券交易所王经理的秘书。一天，经理有事外出，打电话来让小李帮忙用QQ接收一位客户的开户资料，并简单地和客户沟通一下近期的股票市场行情，取得客户的信任，从而拿下这个客户。

如果你是小李，应该如何用QQ与客户沟通，顺利完成经理交代的任务？

训练步骤

1. 为了给客户留下一个好印象，小李登录 QQ 后应该如何完善自己的个人资料？

2. 为了与客户拉近关系，小李想将客户添加为自己的好友。请简单陈述添加一位 QQ 好友的全部过程及步骤。

3. 小李应该怎样同客户打招呼？

4. 小李应该如何介绍自己和公司的产品，取得客户的信任？请试着写出小李与客户交谈的语言。

知识与技能

一、QQ 沟通的功能

QQ 是中国最常用的沟通软件之一，属于即时通信工具。即时通信是指能够即时发送和接收互联网消息等业务。QQ 如今不再是一个单纯的聊天工具，它已经发展成集交流、资讯、娱乐、搜索、电子商务、办公协作、企业客户服务等为一体的综合化信息平台。

1．传递信息

人们可以通过 QQ 传递与生活、工作等相关的多方面信息，加强人与人之间的沟通和交流。

2．收发电子文件、图片、音频、视频资料

利用 QQ，不但可以通过文字进行交流，还可以传送与生活、工作有关的电子文件，给对方发送电子图片、音频及视频，使人和人之间的沟通内容与形式更加丰富。

3．在线聊天

人与人之间面对面地聊天有时候会存在一定的困难，可以在互联网平台上借助 QQ 进行随时随地的交流。并且 QQ 沟通能为回复留出思考的时间，这样沟通效果更好。

二、QQ 沟通的特点

1．快速、方便

只需要在互联网平台上登录 QQ，就可以和世界各地的 QQ 好友沟通，即使对方暂时没上线，他也可以在登录 QQ 的第一时间收到你的信息，沟通十分畅通、便捷。

2．图文并茂

与其他的传统沟通方式比起来，QQ 沟通内容更加丰富，且图文并茂，因此 QQ 沟通更具吸引力，更受大众喜爱。

3．语言通俗

QQ 沟通常常可以借助网络词汇和拟声词汇（如“呵呵”“嘻嘻”等），使沟通语言更通俗，更具有亲和力。

4．生动形象

QQ 沟通还可以直接发送各种代表心情和表达感情的表情与符号，使沟通变得生动、形象、幽默。

5．沟通双方心理压力小

QQ 沟通不需要面对面交流，这样能淡化因对方表情严肃带给你的心理压力。如果说错了话，我们可以及时回复“不好意思，发错了”等类似可化解尴尬的语句，用键盘敲出一句

道歉的话往往比亲口说出一句道歉的话要容易得多，因此 QQ 沟通可以给沟通者大大减小心理压力。

三、QQ 沟通的技巧

1. 用语文明礼貌

讲文明、讲礼貌是与人交流的基本原则，如果你出口就是粗话，别人肯定觉得你没有修养，当然就不愿意与你交往了。

2. 聊天字号字体设置

我们为了突出自己的个性，常常把聊天的字体换成网络上比较流行的字体或把文字颜色调成五颜六色，如果是用于和朋友之间的沟通这可能无伤大雅，但是在从事正规的商业活动时，最好还是使用默认的字体字号设置，这样显得你成熟稳重、可信赖，有利于提高沟通效率，提升工作业绩。

3. 自动回复设置

如果我们暂时不在电脑或手机旁，那么我们最好为 QQ 设置自动回复。注意自动回复一定要使用礼貌用语，并注明你见到消息后会在第一时间回复。

4. 问题的解答

在别人提出问题后，我们应马上为之解答，及时解答能体现我们的诚意和礼貌，有利于交流。在解答的过程中尽量不要一股脑儿把所有内容全部告诉对方，可以一步一步地解说，这样会让对方更明白，也会觉得你的服务很好。如果需要大量重复地回答同样的内容，那么我们可以做一个详细的电子版教程，要是对方还有不懂的地方再点对点地解答。

5. 称呼要得体

在网络时代，各种年龄段、各种身份的客户都有。面对新的客户，由于不是很熟悉，那么这时候最好称呼其“× × 先生”“× × 女士”“× × 经理”之类的，要保持一种谦虚的态度，切勿直呼对方姓名。

四、QQ 沟通的注意事项

1. QQ资料要尽可能详细和完善

详细、完善的 QQ 资料是取得别人信任的前提。需要注意的是，要注意信息安全，如加密 QQ、尽量不泄露个人隐私等。

2. QQ头像设置

QQ 头像一定要正规，给人一种可信任的感觉。在商务沟通中，推荐用自己的头像或企业 Logo 做 QQ 头像，用自己的实名或用“公司名 + 自己的实名”做网名。这样做有助于打造个人品牌和提高知名度，对所在企业的其他商务推广也是相当有益的。

3. QQ签名个性化

要想取得好的沟通效果，对 QQ 签名进行个性化设置是必不可少的。个人形象对一些商务活动来说是非常重要的，有可能直接决定成败。签名应给人留下一种踏实稳重、积极向上、富有个性的印象，这样有助于工作效益的提高。

4. QQ表情选择要恰当

QQ 表情给人的第一印象如果大方得体，充满亲和力，那么沟通成功的概率就高多了。

5. 根据交流对象的身份、个性选择交流语言

QQ 沟通因为不同于面对面的沟通，在沟通过程中一定要根据交流对象的身份、个性选择用语。用语要符合自己的身份，太过亲密、太过严肃都是不恰当的。

巩固训练

在一次总公司年会上，文员小柳在就餐过程中不小心将两位长相相似的区域经理混淆了，说了一些不得当的话，当时场面十分尴尬，事后小柳非常后悔。作为一位初入职场的新人，小柳一方面没有勇气去当面道歉，另一方面也没有机会去道歉。于是，小柳决定采用 QQ 沟通的方式进行道歉。

如果你是小柳，你会如何解释这次误会并表达你深深的歉意？

职业技能鉴定指导

▶ 知识技能复习要点

1. 能掌握QQ的基本操作程序；
2. 明确QQ沟通的功能与特点；
3. 能熟练地运用QQ进行沟通交流。

▶ 模拟训练

一、单项选择题

1. QQ沟通过程中称呼对方不应该采用（　）。

A. × 先生　　B. × 小姐　　C. × 经理　　D. × 哥

2. 当QQ好友很多、很杂乱的时候，可以通过什么方式整理好友？（　）

A. 分组、备注　　B. 删除、添加　　C. 删除、备注　　D. 添加、分组

3. QQ头像最好使用什么图片？（　）

A. 自己的头像　　B. 好友的头像　　C. 配偶的头像　　D. 任何人的头像

二、多项选择题

1. QQ沟通的特点有哪些？（　）

A. 快速、方便　　B. 图文并茂　　C. 信息烦琐　　D. 节约时间

2. QQ沟通过程中应该注意哪些问题？（　　）

A. 及时回复　　B. 用语文明礼貌

C. 语言通俗、亲切　　D. 称呼得体

三、判断题

1. 沟通双方心理压力小是QQ沟通的优点。（　）

2. QQ签名应给人以踏实稳重、积极向上、富有个性的感觉，这样有助于你的工作效益的提高。（　）

3. QQ个人资料越详细越好，这样利于获得客户的信任。（　）

4. 为了拉近我们与客户的距离，与客户聊天的字体应该换成网络上比较流行的字体，或把文字颜色调成五颜六色。（　）

四、技能实训题

小丽是宝贝早教中心的客服人员。一天，一位顾客告诉小丽，她有一个朋友想详细了解宝贝早教中心的课程安排与收费情况，让小丽联系一下她的朋友。这位顾客留给小丽的联系方式是她朋友的 QQ 号码。

请模拟小丽运用 QQ 与这位客户的朋友联系沟通的过程。

任务评价

任务学习评价表

评价项目	评价关键点	配分	自评分	互评分	教师评分
QQ个人基本资料设置技巧	聊天背景设置恰当	10			
	注重权限和隐私设置	10			
	头像和昵称设置得体	10			
	个人资料填写准确、合理	20			
QQ沟通技巧	采用文明礼貌用语	10			
	聊天字号字体设置恰当	10			
	会设置恰当的自动回复	10			
	称呼得体	10			
	回复及时	10			
合　计		100			

任务三　微信沟通 Task 3

训练目标

1. 能掌握微信的常用功能；
2. 能熟练运用微信进行顺畅的沟通，提高沟通效率，提升工作效益。

任务情境

小红是丰田 4S 店销售部经理助理。为了提升销售业绩，公司销售部打算举行一场极限放价购车夜活动。活动策划了多重好礼相送环节，有到店礼、订车礼、共赢礼和优惠礼，所有的车系都是以最低的价格销售。为了让更多的消费者了解这一活动，争取到更多的顾客光临，销售部经理吩咐小红充分利用微信来宣传推广本次促销活动。

假如你是小红，你该如何借助微信平台让公司的策划活动取得更好的效益？

训练步骤

1. 小红在发布公司极限放价购车夜活动之前应该做好哪些方面的准备？

____

____

2. 小红应该如何在微信平台发布该活动？请简单概述微信群发活动信息的具体步骤与内容。

微信群发活动信息的具体步骤：(1)__________；(2)__________；(3)__________；(4)__________。

微信群发活动信息的内容：______________________________

3. 遇到咨询该活动的客户时，小红该如何与之沟通才能收到更好的活动宣传效益？

____

____

4. 针对已有的客户，小红该如何与其沟通才能让他帮忙介绍客户，进一步宣传该活动？

____

知识与技能

一、微信的功能

微信是腾讯公司于 2011 年初推出的一款应用软件，其基本功能有如下几个。

1. 聊天

微信支持发送语音短信、视频、图片（包括表情）和文字，支持多人群聊。

2. 添加好友

微信可通过多种方式添加好友，如通过查找微信号添加好友、由 QQ 好友添加好友、由手机通讯录和分享名片添加好友、摇一摇添加好友、扫描二维码添加好友等。

3. 实时对讲机功能

用户可以通过语音聊天室和一群人语音对讲，但与在群里发语音不同的是，这个聊天室的消息几乎是实时的，并且不会留下任何记录，在手机屏幕关闭的情况下也可进行实时聊天。

4. 在朋友圈发布信息

用户可以在朋友圈发布文字、图片、视频，同时可将其他软件中的文章、音乐或视频分享到朋友圈。用户可以对好友新发的内容进行评论或“点赞”，但只能看相同好友的评论或点赞。

二、微信沟通的特点

1. 具有直接性

微信与手机绑定，信息可以直接发送到手机上，工作效率大大提高。

2. 具有自主性和选择性

每一个用户都可以根据自己的爱好和兴趣发布消息，也可以关注自己感兴趣的内容。

3. 具有很强的互动性

用户发布的信息越有吸引力，新闻性越强，关注的人就越多，其影响力也会随之递增。同时可以进行实时语音和视频交流，随时随地发布动态，让你的亲人、朋友、客户感受到你就在他们的身边。

三、微信的使用技巧

1. 完善个人资料

微信沟通除了适用于一般亲朋好友之间的沟通交流之外，还适用于企业内部及商务合作伙伴之间的沟通。针对后者，完善的个人资料更能给人真实的感觉，有助于进一步取得客户的信任，提高沟通的效率。

2. 设置头像

用于公务活动的微信头像应该符合活动内容和企业形象，这样做可以给人以专业感，从而赢得他人的信任，对提升个人形象和提高企业的知名度都非常有益。

3. 用语多采用“暖系”词汇

微信沟通的“点赞”功能是大家熟知的。微信的朋友圈是好友互动、表达情感、发布动态的有力阵地，给他人一个“赞”或给他人一句或温暖、或鼓励、或赞美的评论能很好地加深彼此的感情，从而更加有利于业务的开展。

4. 选用适当的表情符号

适当使用表情符号可使微信沟通更加生动有趣。在沟通中除了可以用“好”“嗯”等字眼及时给予对方明确的答复外，还可以巧妙地用表情符号体现自己的态度、调动对方的情绪。在使用表情符号前应该首先考虑自己的身份和对方的身份，考虑聊天情境，然后慎重选择表情符号，从而达到良好的沟通效果。

5. 选用适当的聊天方式

微信聊天常用的方式是文字和语音。选择语音沟通要首先考虑对方当时所处的实际情况，若对方在开会或处于嘈杂场合，很明显是不宜于用语音沟通的。同样，自己所处的环境嘈杂也尽量不要用语音，避免对方听不清楚而造成不必要的误会。

巩固训练

销售部举办的极限放价购车夜活动非常成功，当天夜里不仅有很多客人到店，而且现场签下的订单也不少。销售部经理觉得应该抓住这一商机，于是立即吩咐小红利用微信平台对现场进行即时报道，以扩大公司品牌的影响力、提升客户的关注度。

假如你是小红，你该如何完成这一微信沟通任务？

职业技能鉴定指导

▶ 知识技能复习要点

1. 能掌握微信的常用功能；
2. 能熟练地运用微信进行沟通交流。

▶ 模拟训练

一、单项选择题

1. 当朋友在闹市购物时，与他进行微信沟通最好使用什么方式？（ ）

A. 视频聊天　B. 实时对话　C. 语音聊天　D. 文字沟通

2. 你可以对好友的消息进行评论或“点赞”，但你只能看到哪些人对此消息的评论或“点赞”？（　）

A．自己的好友　　　　B．你与好友共同的好友

C．好友的好友　　　　D．任何好友

3. 下面关于微信沟通的特点说法不正确的是（　）。

A．直接性　　B．间接性　　C．互动性　　D．选择性

二、多项选择题

1. 以下选项属于微信沟通功能的有（　　）。

A．聊天　　　　B．实时对讲

C．传输文件　　　　D．发送图片与视频

2. 下面关于微信沟通技巧说法正确的有（　　）。

A．在商务沟通中，为了保护自己的隐私，个人资料项目能不填写的就不填写

B．在公务活动中，最好设置真实的个人头像，以符合活动内容和企业形象

C．多“点赞”有利于情感的培养，从而更加有利于业务的开展

D．选择语音聊天时一定要注意周围的环境是否安静

三、判断题

1. 微信用于商务沟通时，头像的设置不宜非主流，应该凸显稳重成熟的气质，这样更有利于业务的开展。（　）

2. 微信用于多人沟通时既可以选择“群聊”，也可以通过“群发助手”群发信息。（　）

3. 在微信沟通中及时回复十分重要，为了表示尊重，我们应尽量避免只给对方回复“好”“嗯”等这样的简单字眼，可以适当地、巧妙地用表情符号表达你的态度。（　）

四、技能实训题

小军应聘到程家面馆担任经理助理。该面馆开业三天，顾客天天爆满。为了继续提升面馆在当地的知名度，扩大粉丝数量，经理要求小军在微信上对顾客排队就餐的火爆现场进行即时报道宣传。

请模拟小军运用微信沟通技巧完成该任务的过程。

任务评价

任务学习评价表

评价项目	评价关键点	配分	自评分	互评分	教师评分
微信个人基本资料设置技巧	聊天背景设置恰当	10			
	注重权限和个人隐私保护	10			
	头像和昵称设置得当	10			
	个人资料填写准确、合理	10			
微信沟通技巧	用语多采用“暖系”词汇	20			
	能准确接收和发送文字、图片、语音、视频等信息	20			
	能恰当运用表情符号	10			
	能选用适当的聊天方式	10			
合　计		100			

模块三 Module 3 面对面沟通

模块概述

随着时代的发展，人与人之间的沟通方式越来越多，但最亲切、最有效的沟通方式还是面对面沟通。通过面对面沟通，你可以直接感受对方的心理变化，及时准确地了解对方的真实想法。掌握面对面沟通的技巧，不仅能提高自身的沟通能力，而且还能增进团队的合作能力，使工作更顺利地完成。

本模块共有五个学习任务，包括接待沟通、与上司沟通、与同事沟通、与下属沟通和面试沟通。通过该模块的学习和训练，你将有效提升职场面对面沟通的能力，掌握与来访者、单位上下级沟通，求职面试沟通的技巧。

任务一　接待沟通 Task 1

子任务 1 接待未预约来访者

训练目标

1. 能按照礼仪要求接待未预约来访者；
2. 能流畅、清晰、恰当地与未预约来访者进行沟通交流；
3. 能准确理解未预约来访者的意图和要求，运用各种交流手段有效地表情达意。

任务情境

中职毕业的李婉，毕业之后在雪鸟物流公司担任前台秘书。一天，传达室门卫打来电话说有一位张女士拜访，她想与公司洽谈家具物流业务。李婉让门卫告诉来访者到前台接待室来洽谈。来访者穿着职业套装，面目清秀，说普通话，年纪25岁左右。

李婉应如何接待这位未预约来访者？

训练步骤

1. 李婉在接待这位未预约来访者时应该注意观察来访者哪些方面？（请列出要点）

2. 李婉在接待这位未预约来访者前还应做好哪些准备工作？

3. 李婉在接待室接待这位未预约来访者时应该说什么话打开局面？

4. 李婉刚进公司，对物流业务还不是很熟悉，她应该如何回应未预约来访者的询问？

5. 在接待记录中，李婉应该对哪些方面进行重点记录？

6. 请在下表中简要概括李婉接待这位未预约来访者的主要程序、常用语及语气和态度。

接待未预约来访者的主要程序、常用语及语气和态度

接待顺序	主要程序（概括要点）	常用语（主要语句）	语气、态度
1			
2			
3			
4			
5			
6			

7. 对于未预约来访者想了解而自己不熟悉或者不在自己职责范围之内的事项，李婉应该如何回复才能使其理解和满意？

对于自己不熟悉的事项的回复：

对于不在自己职责范围之内的事项的回复：

8. 接待结束时，李婉应该如何话别未预约来访者和送客？

知识与技能

按来访者事先有无预约，可以把接待工作分预约来访者接待和未预约来访者接待。

一、接待准备

接待未预约来访者一般从以下方面做准备。

1. 了解客人的基本情况

接到来客通知时，首先要了解客人的单位、姓名、性别、职业、级别、职务等信息；其次要掌握客人的意图，了解客人的目的和要求，以便在交流中能与来访者顺利对话并给予积极反馈。

2. 确定迎送规格

按照身份对等的原则安排接待人员。对较重要的客人，应当安排身份相当、专业对口的人士出面迎接，也可根据特殊需要或关系远近安排比客人级别高的人士破格接待；对于一般客人，由公关部门派遣有礼貌、言谈流利的人员接待即可。

3. 布置沟通环境

以良好的环境布置表示对来访者的尊重。接待室的环境应明亮、安静、幽雅，配置沙发、茶几、衣架等，还应适当点缀一些花卉、盆景和字画，放置几份报刊和本单位的宣传资料供客人翻阅。

二、接待沟通的语言技巧

交谈是一种具有双向性、更多的灵活性、口语化色彩较浓的沟通形式。交谈的双方既互为发言者，也互为听众，所以交谈者不仅要善于说，还要善于听，听说互换进行。交谈的灵活性要求交谈者具有较强的应变能力，能合时宜地寻找和转换话题，改变交谈内容与交谈方式。要想获得良好的交谈效果，需要掌握以下语言技巧。

1. 迎客时要言辞热情

客人到来要热情欢迎，用轻松愉快的语言问候寒暄，常用语如："您远道而来，一路辛苦了！""天气很冷，请喝杯热茶。"如你正忙于其他重要事情，应先向客人说明情况，常用语如："不好意思，您先坐，我接个电话。"客人离开时，要热情话别。

2. 交流时要认真倾听、积极反馈

与客人谈话时，要自始至终表现出热忱与关注，表情淡漠和敷衍了事都是失礼行为。在交谈中，认真倾听客人的陈述的同时，还要对其陈述内容做出反应，或点头微笑，或以"您说得对""原来是这样""哦""嗯"等句子或词语回应，对重要的问题还应做好记录。即使客人说话时间过长，甚至离题太远，也不应该表现出不耐烦的情绪。

3. 说话时要因人而异、灵活应变

根据客人的特点和来访意图，在语速、音量、遣词造句、说话语气等方面要有所不同，做到"到什么山上唱什么歌"。

（1）语速和音量要根据客人的年龄和表情达意的需要而定

与老年人交谈要用较慢的语速、较大的音量，以使对方产生被尊重感；与同龄人交谈要根据个人表情达意的需要，正确运用语速和音量。

（2）遣词造句要根据客人的文化水平、理解能力而有所不同

与文化水平不高、理解能力较差的人交谈，语言要通俗，尽量少用书面语，不要讲理论高深的话，要多举对方能理解的实例来说明；与文化水平较高、理解能力较强的人交谈，要讲究语言的文采。

（3）说话语气要依据客人的不同目的而异

客人往往各有不同的目的，要根据不同情况，采用不同语气与之交谈。

对前来求助的客人，应体谅对方的心情，站在客人的立场上说话。语气要平和，给客人一种亲切感和信任感。即使你认为无能为力，也要给对方留一线希望，如："您先别急，一旦有门路，我就打电话告诉您。"

与前来研究问题、商量工作的客人交谈，则宜采用商量的语气，如："您看这样行不行？""您对这个问题的看法是……""您的意思是……对吗？"

与提供信息的客人交谈，应采用感叹语气，以表达感激之情，如："非常感谢！您提供的信息太有价值了！""您真帮了我的大忙！谢谢您！"

4. 谈话内容要真实可信、实事求是

在接待时，一定要坚持诚信为本的原则，对不清楚的问题应先了解清楚，不能为了尽快打发对方而随意应承，如有承诺也必须兑现。对客人不了解的情况要实事求是地做好解释工作，如：“由于传真机是技术较复杂的产品，我们必须送到专业部门检修，具体修好时间我们现在不好答复您。”

5. 要注意营造和谐的谈话氛围

如果同时接待几位客人，首先要介绍客人之间互相认识，并设法让他们愉快地进行交谈。如果出现冷场，应该主动引出大家共同感兴趣的话题，使交谈不至于中断。对处于谈话边缘、遭到冷落、接不上话的客人，要主动同他攀谈，慢慢把他拉入客人的谈话圈子。一般来讲，男性客人比较感兴趣的话题是运动、车、时事政治、天文地理等，女性客人更喜欢的话题是服饰、美容、购物等。

三、接待沟通的要求

1. 热情接待

客人无论身份如何，目的如何，都应热情接待。这不仅涉及企业形象，而且对工作能否顺利开展也有很大影响。切不可让客人坐“冷板凳”，或以貌取人，言语不周。客人到来时，接待人员要起立，主动上前握手，表示欢迎。

2. 现场观察

可根据客人的着装、神态、年龄、举止、饰物、手提包等判断其性格特点等信息，使接待更有针对性。

3. 善于倾听

接待过程中，要善于倾听客人的谈话。在客人讲话过程中，应正视对方，适时地点头以表示尊重，且你的一举一动都要表示出你在认真听对方的陈述，切忌让客人有被怠慢的感觉。

倾听能力自测

序号	内　容	A	B	C	D	E
1	以肢体语言表达你在认真地听对方说话					
2	不会一边听对方说话一边想自己的事					
3	别人讲话时不急于插话，不随意打断对方的话					
4	关注对方讲话的实质含义而不是它的表面意思					
5	能耐心地听对方把批评意见说完					
6	即使对别人的话不感兴趣，也耐心地倾听					
7	不因为对说话者有偏见而拒绝听他（她）说话					
8	即使对方地位低，也会称赞他的观点，并认真地听他讲话					

续表

序号	内 容	A	B	C	D	E
9	自己心情不好时，不把情绪发泄在他人身上					
10	听不懂对方的意思时，会及时询问					
11	既听对方的口头信息，也注意对方所表达的情感					
12	与对方保持适度的目光接触					
13	与人交谈时会注意坐在最合适的位置，使对方感到舒适					
14	注意观察对方的肢体语言所传递的信息					
15	以恰当的肢体语言鼓励对方把心里话都说出来					
16	利用归纳法重述对方观点，以免曲解或漏掉对方所传达的信息					
17	与人交谈时不低头看手机、发短信					
18	倾听他人说话时如要接听重要的电话，要先表示歉意					
19	倾听时用肢体语言表示反馈的信息					
20	倾听时会记录谈话的重要内容					

注：根据你平时的倾听情况打√。A、B、C、D、E的含义如下：
A：一贯如此；B：经常有；C：有时；D：偶尔；E：几乎从来没有

4. 尽可能不接听电话

在接待客人时，打断对方讲话，不停地接听电话是一种不礼貌的行为，所以要尽量避免。如有重要电话，应先向客人说“对不起”，在得到客人谅解后再接听，且要长话短说。

5. 尊重与沟通

交谈过程中，不要随意打断、驳斥对方，也不要轻易许诺。不同意对方的观点，要克制情绪，委婉地表达自己的意见；意见一致时也不要喜形于色。需要马上答复或解决的事不要故意拖延时间；暂不能解决的，应告诉对方一个解决方案，约定时间再联系。

6. 难题的处理

如果在交谈中出现某些使自己为难的场面，可以直截了当地拒绝其要求；也可以含蓄地暗示自己无法做到，请求对方理解。但要注意方式和态度，尽量不要让对方误认为你态度傲慢或有能力而不愿意帮忙。

如果想结束交谈而对方又未察觉，可以婉言告之，如“对不起，我还有个十分重要的会议”等；也可以用肢体语言提示对方，如间隔性地抬腕看表等。

7. 运用非语言沟通

沟通是语言沟通和非语言沟通的综合运用。人们在日常交往中，不用语言一样可以表情达意，起到语言沟通的作用，即使用非语言沟通。非语言沟通的类型比较多，主要有以下几种。

（1）肢体语言。肢体语言也叫身体语言，它是非语言沟通中内容最丰富的一种，如面部表情语、目光语、手势语、体态语（站、走、蹲的姿势）、身体接触语等。

（2）服饰语言。服装、发型、化妆、配饰等都可以反映出一个人的爱好、性格、审美品位等信息。在接待客人时要注意着装的正式，以示我们对对方的尊重。

（3）空间语言。空间语言指利用空间距离传递出的非语言信息，主要通过沟通者之间的距离、位置的安排来表现。

（4）颜色语。不同的颜色有不同的含义，如红色代表热情、喜庆，蓝色代表冷静，白色代表纯洁，黑色代表庄重等。

（5）环境语。环境语指利用环境传递出的非语言信息，包括活动场所的装饰、温度、光线等。

（6）花语。花卉具有不同象征含义，比如兰花代表高洁，牡丹代表高贵，康乃馨代表健康，松柏代表坚毅，橄榄代表和平等。

（7）标记语。用手势、代码、各种标识等能代替文字语言的特殊标记符号来传递信息，如手语、旗语、交通指挥手势、红绿灯以及各种指引、标识符号等。

四、接待沟通的注意事项

1. 注意身份对等

身份对等是商务礼仪的基本原则之一。己方作为主人，在接待客户、协作伙伴等来宾时，要根据对方的身份，同时兼顾对方来访的性质以及双方之间的关系，安排接待的规格。其目的是使来宾得到与其身份相称的礼遇，从而促进双方关系的稳定、融洽与发展。根据身份对等的原则，己方出面迎送来宾、参与礼节性会晤或正式谈判及宴请等活动的主要人员应与来宾的身份大体相当。

2. 讲究礼宾秩序

在正式的商务活动中，礼宾秩序可参考下列方式。

（1）按身份与职务的高低顺序排列。如接待几个来自不同方面的代表团时，确定礼宾秩序的主要依据是各代表团团长职务的高低。

（2）按姓氏笔画排列。如果双方或多方关系是对等的，可按参与者的姓名或所在单位名称的汉字笔画多少排列。

（3）其他排列方式。除上述方式外，也可按照有关各方正式通知东道主决定参加此项活动的先后顺序，或正式抵达活动地点的时间顺序排列。

3. 灵活协调，做好记录

接待来访者一定要做好记录工作。记录的重点内容有：

（1）来访者的单位、姓名、性别、职业、级别（在名片上可以找到）；

（2）来访者的目的（进货、销售、联系业务等）；

（3）洽谈中涉及的重要时间和地点；

（4）负责接待的工作人员和接待的日期。

4. 注意准确判断肢体语言

在非语言中，肢体语言运用最频繁。但要注意的是，肢体语言传递的信息比较复杂，如沉默可表示满意、厌倦、抵制、不同意等多种意义。因此，判断肢体语言传递的真实意义，不能只凭一个表情或动作，应该观察一个人一连串的肢体语言行为，从而做出准确的判断，如沉默加上皱眉和眯眼，就传递了不耐烦的意思。请看下表列举的部分肢体语言的不同含义。

肢体语言的类型	肢体语言的形式	传递的信息
面部表情	微笑	高兴、友善
	皱眉	痛苦、无奈、深思、不解
	撇嘴	不屑一顾、厌恶、瞧不起
	眯眼	疑惑、不适、不喜欢
	瞪眼	生气、愤怒、惊讶
	凝视	感兴趣、希望反馈
	紧闭嘴唇	有压力、忧虑
动作	点头	认同、肯定
	竖大拇指	表扬、称赞
	伸出手指指人	批评、谴责、抱有恶意
	耸肩	无可奈何、不了解、疑惑
	手摸头（脖子）	不安、不适、局促
	不停地搓手、弄手指	紧张、焦虑、不安
	不停用笔（手）敲打桌面	烦躁、不耐烦
	握拳向上	态度坚定、抗议
姿势	双手叉腰	表露霸气、生气、愤怒
	不断变换架脚姿势	情绪不稳定、焦躁、不耐烦
	挺胸抬头	自信、有精神
	低头站立，双手背在身后	害羞、胆怯、难为情
	两臂在胸前交叉，两腿分开	舒适、自信、自我保护
	身体前倾	感兴趣、亲密
	侧开身体	不喜欢、不同意、抵制

巩固训练

公司最近正在招聘仓管员。一天，公司传达室打电话说有一位咨询招聘事宜的来访者。前台接待小李应该如何接待这位来访者？请两人一组模拟接待过程。

职业技能鉴定指导

▶ 知识技能复习要点

1. 了解接待来访者的语言；
2. 能掌握接待来访者的沟通技巧与注意事项；
3. 会运用常用的规范语句接待来访者。

▶ 模拟训练

一、单项选择题

1. 接待时如遇到年龄比较大的来访者，应该采用的语气和语速是（　）。

A．大声、快速　　B．小声、缓慢　　C．大声、缓慢　　D．小声、快速

2. 关于交谈的特点，说法最准确、全面的是（　）。

A．交谈是一种双向性的、非正式的，具有更多灵活性的沟通形式

B．交谈是一种双向性的、非正式的沟通形式

C．交谈是一种双向性的、口语化色彩较浓的沟通形式

D．交谈是一种具有双向性、更多的灵活性，口语化色彩较浓的沟通形式

3. 下列说法正确的是（　）。

A．男性更喜欢谈论体育，女性更喜欢谈论音乐

B．男性更喜欢谈论车，女性更喜欢谈论服装

C．敏感的人擅长交谈，迟钝的人拙于交谈

D．外向的人喜欢体育，内向的人喜欢文学

二、多项选择题

1. 接待陌生来访者一定要做好记录工作，记录的重点内容有（　　）。

A．来访者的单位、姓名、性别、职业、级别

B．来访者的目的

C．洽谈中涉及的重要时间和地点

D．负责接待的工作人员和接待的日期

2. 下列哪些选项属于接待准备工作？（　　）

A．了解客人的基本情况　　B．食宿安排　　C．确认接待规格　　D．布置沟通环境

3. 接待沟通的语言技巧包括（　　）。

A．迎客时要言辞热情　　B．交流时要认真倾听、积极反馈

C．说话时要因人而异、灵活应变　　D．谈话内容要真实可信、实事求是

三、判断题

1. 接待职位较低的来访者时服装可以随意一点。（ ）

2. 如果接待过程中有电话打来，应马上接。（ ）

3. 来访者提出的合理要求应该尽量满足。（ ）

4. 接待过程中如果来访者跑题，应善意提醒，常用语如："您刚才说得很对，不如我们再说说……我想听听您的高见。"（ ）

5. 接待过程中如果客人有说得不对的地方要马上进行更正。（ ）

四、技能实训题

公司的安全检查部门有几台安检机出现了故障，管理部门联系了安检机生产厂家。厂家承诺派一名技术人员前来维修。当技术人员来访时，管理部门接待人员小李应该如何接待？

请运用接待来访者的相关技巧，模拟小李接待厂家维修人员的全过程。

子任务 2　接待特殊来访者

训练目标

1. 了解特殊来访者的含义；
2. 熟练运用接待特殊来访者的技巧；
3. 掌握接待特殊来访者的原则。

任务情境

小黄在某商场服务台做秘书工作。一天，有个客户急匆匆地送来一台传真机，怒气冲冲地投诉说传真机用了不到一个月，机器就发出异响，经常卡纸，要求商场进行更换。小黄检查后发现是客户用的纸张与该台传真机不符导致零部件损坏，造成传真机发出异响和卡纸。如果将传真机退回厂家更换零部件，客户需要承担费用，花费时间大概是三天，可客户却急着用。

面对这样的情况，小黄应该怎样接待这位客户呢？

训练步骤

1. 小黄见到怒气冲冲的客户首先应该做什么？

2. 小黄应该用什么样的开场白来接待客户？用什么样的语气、语调和语速来和客户商谈？辅助运用怎样的肢体语言？

开场白：

语气、语调和语速：

肢体语言：

3. 小黄应如何向客户解释是由于客户用错纸张而造成的零部件损坏？

4. 小黄应如何向客户说明要承担责任？请你把小黄应该说的话写出来。

5. 小黄在接待的时候应该记录哪些要点？

6. 请在下表中简要概括小黄接待这位特殊来访者的主要程序、常用语及语气和态度。

接待特殊来访者的主要程序、常用语及语气和态度

接待顺序	主要程序（概括要点）	常用语	语气、态度
1			
2			
3			
4			
5			
6			

7. 小黄应该怎样与客户道别？

知识与技能

一、特殊来访者的含义

特殊来访者通常带着一定的问题或者需要求助的目的而来。一般可以从来访者的行为看出是否是特殊来访者，比如：求助的人，步履匆忙，语调高，语速快，神情较为紧张；投诉的人，情绪比较激动，有指责、埋怨的态度和言辞；来检查的人，神情比较严肃，对细节要求比较高。

二、特殊来访者的接待技巧

1. 真诚欢迎特殊来访者

首先应用平和、关切的语气询问特殊来访者。如你此时正忙于接待其他客人，应向客人说明情况，再及时接待特殊来访者，不能逃避。在了解和记录好具体情况之后再继续接待之前的客人。

2. 接待心态保持平稳，语速适中

谈话过程中对一些重要的问题要进行确认或询问，得到特殊来访者的回应之后再继续倾听其叙述。例如："先生，非常感谢您的信息反馈，您的意见对我们来说太宝贵了！我想问您一下，为什么您觉得产品的外观设计俗气呢？请您给我解释解释。"

3. 自始至终表现出热忱与关注

接待人员任何不关注的态度都可能引起特殊来访者的不满。在交谈中，不仅要认真倾听特殊来访者的谈话，还要对其谈话内容做出肯定的反应，比如"是啊""您说得对"等，以表示理解和认同。对重要的问题还应做好记录。即使特殊来访者说话态度不好，接待人员也应该耐心地把特殊来访者的话听完。

在听清特殊来访者来意之后要耐心解释。解释时须注意如下几点。

（1）不能用生硬的语言进行解释，适合用商量的语气进行解释。例如：“您看，这样的处理方法行吗？”

（2）应尽量站在特殊来访者的角度提出解决问题的方法，进行解释。例如：“您说的这个问题，我认为确实是这样，如果是我，我也会像您这么做。但现在情况确实发生变化了，比如说……我认为我们用……方法去处理可能比较好，您说呢？”

（3）提出几种解决方案，尽量让特殊来访者自主选择，让特殊来访者拥有主动权，也能体现出对他的尊重。例如：“针对您提出的问题，我们准备了几种解决方案，您看哪种更容易操作？”

三、接待特殊来访者的原则

1. 主动热情，态度友好

特殊来访者一般都是带着问题和情绪来的，所以，接待的第一任务是用友好的态度和热情的接待平复他们的心情。应该马上给客人送上一个笑脸、一句好话、一杯热水，这样会使他们有一种被重视的感觉，情绪自然也会趋于平静，头脑同时也会变得冷静，这样才可能大事化小、小事化了。

2. 着眼全局，以退为进

特殊来访者投诉或反映问题时，最讨厌接待人员的推诿。接待这类来访者时，先不要直接谈事，应寒暄几句，以退为进。同时，一定要从公司全局出发，不能与特殊来访者争执，更不能与其吵架，要收起个人的脾气，冷静、大度地处理特殊来访者的投诉。

3. 积极倾听，详细记录

满足特殊来访者的倾诉欲望是有效解决问题的第一步。尤其在接待投诉时要以开放的心态积极倾听，不仅要全神贯注倾听特殊来访者的讲述，还需要表达你的理解和关注，并做出适当回应。在倾听的同时，还要做好记录，要在记录中分析判断特殊来访者投诉问题的真正症结所在。

4. 耐心解释，仔细分析

通过换位思考的方式去理解特殊来访者，帮他分析令他不满的原因，消除沟通的障碍。即使是特殊来访者造成的不良后果，也应该首先帮助他解决问题，再善意地提醒他注意使用方法。

5. 恰当承诺，礼貌送客

如果当时不能解决问题，应该主动承诺处理的方法和时间期限，并留下特殊来访者的联系方式，以便后续沟通。做出承诺有助于展现企业的优质服务，树立企业客户至上的良好形象。礼貌送客是接待的最后一步，切不可因为特殊来访者的特殊目的而怠慢，反而应该更热情地送客。

6. 反馈及时，维护形象

特殊来访者需要最迅速的服务，接待人员反馈快，说明有足够的职业水准和解决问题的能力；反馈迟缓，特殊来访者的抱怨会累积更多，给投诉处理造成更大的困难，影响企业的社会形象。

巩固训练

一天，商场来了一位怒气冲冲的男顾客，要求退换一张婴儿床。这张床是前一天卖出的，当时他和自己的妻子一眼就看上这个婴儿床，所以很快就付了钱，将床运回家了。回到家后，在安装时他才发现有一只床腿有明显的裂缝，妻子非常生气，他也很恼火。

面对这位怒气冲冲的男顾客，商场服务台工作人员小黄应该如何接待呢？

职业技能鉴定指导

▶ 知识技能复习要点

1. 能对特殊来访者进行辨别；
2. 能体谅特殊来访者的难处，设身处地为其着想；
3. 能熟练运用特殊来访者的接待技巧。

▶ 模拟训练

一、单项选择题

1. 如果你正在接待其他来访者，有一位特殊来访者来访，下列哪种做法比较妥当？（　）

A. 与特殊来访者打好招呼后，先接待正在接待的来访者

B. 和正在接待的来访者商量，然后去接待特殊来访者

C. 对特殊来访者置之不理

D. 去接待特殊来访者，不理睬正常来访者

2. 下列哪项是接待特殊来访者应采用的语气、语调和语速？（　）

A. 语气急切，语调高亢，语速慢

B. 语气缓和，语调平稳，语速适中

C. 语气急切，语调高亢，语速快

D. 语气缓和，语调平稳，语速快

3. 在向特殊来访者做解释的时候，下列哪种行为是不恰当的？（　）

A. 用商量的语气进行解释

B. 站在特殊来访者的角度提出解决方案，做出解释

C. 提出多种解决的方案让客人选择

D. 明确告诉特殊来访者，不是我们的问题

二、多项选择题

1. 对接待特殊来访者的语言看法正确的是（　　）。

A．要真诚欢迎特殊来访者，用平和、关切的语气进行询问

B．接待心态保持平稳，语速适中

C．自始至终表现出热忱与关注

D．可以运用较高的语调表明自己的立场，让特殊来访者知难而退

2. 向特殊来访者做出解释时应注意（　　）。

A．不能用生硬的语言进行解释，适合用商量的语气进行解释

B．解释的过程中应采用严肃的语气，并要理清双方的责任

C．提出几种解决方案，尽量让特殊来访者自主选择

D．应尽量站在特殊来访者的角度提出解决的方法，进行解释

3. 下列哪些是接待特殊来访者的原则？（　　）

A．着眼局部，以进为退

B．主动热情，态度友好

C．认真倾听，详细记录

D．耐心解释，仔细分析

三、判断题

1. 如果当时不能解决问题，应该主动承诺处理的方法和时间期限。（　）

2. 在接待过程中，应该对特殊来访者进行特殊照顾，站在他的角度去想问题。（　）

3. 如果责任在特殊来访者的话，应严肃正式地提醒特殊来访者，责任在他，要他自己负责。（　）

4. 在接待特殊来访者时，要主动迅速地做出反应。（　）

5. 在解释的过程中，如果特殊来访者脾气暴躁，说了一些人身攻击的话，可以反击。（　）

四、技能实训题

一天，商场开门不到半小时，小黄所在的服务总台就来了一位投诉的女顾客。她说自己昨天在商场的儿童专柜给女儿买了一件外套，拿回家让女儿试穿了一下，结果发现号码偏小。今天一大早过来想换大号的，儿童专柜的售货员却说这件衣服是特价断码商品，按公司规定售出后不能退换。她非常生气，这才来到服务总台投诉。

请两人一组，分别扮演小黄和女顾客，模拟小黄接待这位女顾客的全过程。

子任务3 接待嘉宾

训练目标

1. 能流畅、清晰、恰当地与嘉宾进行沟通交流；
2. 能准确理解嘉宾的意图和要求，运用各种交流手段有效地表情达意；
3. 能按照礼仪要求接待嘉宾。

任务情境

中职毕业的小陈，成功应聘到某服装贸易有限公司做秘书。该公司是私有企业，主要经营服装。今天，有一位重要的嘉宾来公司洽谈业务。这位嘉宾来自四川，姓李，是公司的主要供货商。由小陈负责接待。

小陈应如何妥善完成接待嘉宾的工作？

训练步骤

1. 小陈在接待嘉宾前应该做好哪些准备工作？

2. 小陈在会议室接待嘉宾时应如何称呼嘉宾？应用什么语言打开局面？

称谓：

语言：

3. 在交谈之前，小陈应该留心观察嘉宾的哪些方面，以便更好地把握与嘉宾的交流内容和交流方式？

4. 在引领嘉宾参观过程中，嘉宾问了小陈一些问题。对于自己不熟悉的领域或者不在自己职责范围之内的问题，小陈应如何应对？请写出不同的应对语言。

对于自己不熟悉的领域：

对于不在自己职责范围之内的问题：

5. 在招待嘉宾用午餐时，小陈应用什么语言打开局面？情境设定：已经点好嘉宾的家乡菜——川菜（夫妻肺片等），另外点了公司所在地的特色菜（广东烧鹅等）。

6. 在送嘉宾的过程中，小陈应该注意哪些细节？情境设定：嘉宾的车送嘉宾过来之后已回广州，需要用小陈公司的车送其回广州，并且由小陈担任陪同。

7. 请在下表中简要概括小陈接待嘉宾的主要程序、常用语及语气和态度。

接待嘉宾的主要程序、常用语及语气和态度

步骤	主要程序（概括要点）	常用语（主要语句）	语气、态度
1			
2			
3			
4			
5			
6			

8. 小陈送嘉宾到广州后，应如何与其道别？

知识与技能

一、接待嘉宾的语言技巧

1. 正确地称呼嘉宾

称呼嘉宾是接待嘉宾要说的第一句话，非常重要。在接待嘉宾前，要先获得嘉宾的职位和姓名信息，然后确定正确的称呼。一般不直接称呼嘉宾的名字，而是称呼“姓＋职位”，如李经理、赵总等。如果不清楚嘉宾的职位，就以先生或女士相称。

2. 引用恰当的话题打开局面

一般情况下，人与人初次见面会有陌生感，因此，接待人员可以简单寒暄，打开局面。一般的寒暄话题有天气，时事政治，嘉宾的家乡、兴趣爱好、着装和气质等。畅谈这些话题内容需要接待人员具有较多的文化常识、阅历以及前期的准备。例如：“李总来自湖南？洞庭湖太漂亮了，我去过一次，很想再去。”这样一句话就能拉近和嘉宾的距离。注意不要询问嘉宾个人隐私问题，如收入、婚姻等。

3. 礼貌、审慎地回答嘉宾的问题

寒暄之后，注意转换话题，回到主题上来，了解嘉宾的来意，并按照已经制定好的接待程序进行沟通。礼貌回答嘉宾提出的问题，但切勿对自己不了解的或不在自己职责范围的内容妄下断论，如果嘉宾需要深入了解，可以请相关部门的负责人进行解说。

4. 灵活调整交流语言和行为

接待过程中，宜根据嘉宾的性格特点，适当调整自己的言行，以迎合嘉宾的喜好。接待性格直爽的嘉宾，交流时可以语调高些、语速快些，动作要敏捷。对于性格细腻的嘉宾，交流时尽量语调柔和、语速适中；行为上要注意细节，比如着装要考究，可佩戴小饰品，注意发型，甚至可以在接待车上喷一些味道清新的香水，等等。对于健谈的嘉宾，可以多找话题进行交流。对于严肃谨慎又少言的嘉宾，尽量不要主动攀谈，以回答问题为主。总之，应该注意观察、判断嘉宾的性格特点，灵活调整接待嘉宾的语言和行为。

5. 多使用导引性、提示性、征询性语言

在接待嘉宾的过程中，应该根据接待需要，恰当使用导引性语言，如“这边请”“劳烦各位移步……，看看……”等。在特殊环境下，还要注意使用提示性语言，如“小心台阶”。对不熟悉的嘉宾，多用征询性语言，如“您看这样安排如何”“您还有其他方面想了解的吗”等，多使用导引性、提示性、征询性语言可以显示对嘉宾的尊重，使接待工作更符合嘉宾的需要。

6. 做好接待过程的记录

接待过程中，应注意力集中，一边交流，一边留心记忆重要的信息，对嘉宾的某些关键性语言和跟交谈主题有关系的内容要进行记录。

二、常用的接待语言表达方式

接待语言的表达应给对方留下好印象。下面列举几种常用的表达方式。

1. 真诚赞赏法

针对嘉宾的优点加以赞扬，易给嘉宾留下良好的第一印象。赞扬要真诚、具体，用词要恰当，符合嘉宾的特点；过分的、假惺惺的赞扬，只能导致相反的结果。接待人员需要在日常生活中注意培养自己对美好事物的发现能力以及对事物实事求是、正面评价的习惯。

例如：

对女嘉宾，可以说：“您的气质很优雅！”

对年轻的成功人士，可以说：“您真是年轻有为，令人羡慕！”

对地位高、名声大的嘉宾，可以说：“久仰您的大名，今天见到您，真是三生有幸！”

对嘉宾带来的小孩，可以说：“几岁了？长得真健康啊！”

2. 真诚询问法

接待人员可以通过向嘉宾提问发现嘉宾的爱好、性格特点等。真诚的询问态度或者是朋友似的询问语气有助于拉近和嘉宾之间的心理距离。

例如下面的对话就非常自然、真诚：

接待人员：“真冷啊！是刚下班吗？”

嘉宾：“今天在外面冻了一天呢！”

接待人员："那我给您拿杯热饮来好吗？"

询问话题可关注嘉宾的兴趣爱好、特长、饮食偏好、娱乐等方面，但是，过分询问个人情况会引起对方反感，应注意限度，尤其不能询问涉及个人隐私的问题，比如收入、职务、资产以及家庭、婚姻、生活等。

3. 自信建议法

嘉宾需要做一些决定时，可能由于对所处环境不熟悉，会不知如何下手。这时，作为接待人员就应该自信地向嘉宾提一些建议。接待人员语气自信肯定，嘉宾就会放心，也较容易接受接待人员的建议。但说话之前应考虑嘉宾的身份、性格特点等因素，想好再说。

例如：

嘉宾："好像点了套餐 A 吧，我又想吃 B。"

接待人员："套餐 B 也不错的啊！年轻人都喜欢吃。"

4. 最后正说法

接待人员最后说出的话会给嘉宾留下很深的印象，所以在谈及正反面因素时，宜将正面因素放在后面说。

例如："如果要这个菜，需要等一段时间，但是味道很不错。"这句话的说法就能够使菜的优点突出，让嘉宾对这道菜有所期待，同时忽略需要久候的缺点。

5. 选择征求法

接待人员征求嘉宾的意见时，可以让嘉宾有所选择，这样可避免嘉宾茫然无措、尴尬或局促。

比如："您喜欢喝什么？咖啡还是茶？"

巩固训练

敏桦是广州某贸易有限公司陈总经理的秘书。公司注册资金为 1 000 万，有厂房和库房 5 间、服装生产线 20 条、员工 2 000 多人，最近准备再扩大规模。一天，陈总临时有急事外出，交代敏桦接待来自西安某服装集团的陈总。陈总是女性，平时比较注重细节，穿着比较时尚，做人比较严谨。陈总早上 8 点会在广州白云机场 A3 出口等候接待人员。陈总这次来的目的是考察投资环境，具体行程为：第一天参观公司厂房和生产线，然后在广州住一晚，第二天坐飞机回西安。

请以小组为单位进行角色扮演训练，模拟其中一个场景：接机。建议从服饰搭配、车辆的安排、接机的语言等方面进行模拟。

职业技能鉴定行程指导

▶ 知识技能复习要点

1. 能掌握接待嘉宾的语言技巧；

2. 会运用常用的规范语句、正确的表达方式接待嘉宾。

模拟训练

一、单项选择题

1. 与嘉宾寒暄的话题可包括（　）

A．天气　　B．资产　　C．收入　　D．婚姻

2. 接待嘉宾不应使用（　）

A．导引性语言　　B．提示性语言

C．征询性语言　　D．质疑性语言

3. 接待性格直爽的嘉宾，交流时语调、语速可如何处理？（　）

A．语调高，语速快　　B．语调低，语速慢

C．语调高，语速慢　　D．语调低，语速快

二、多项选择题

1. 常用的接待语言表达方式有哪些？（　　）

A．真诚赞赏法　　B．真诚询问法

C．自信建议法　　D．最后正说法

2. 接待嘉宾的语言技巧包括哪些？（　　）

A．正确地称呼嘉宾

B．引用恰当的话题打开局面

C．礼貌、审慎地回答嘉宾的问题

D．灵活调整交流语言和行为

E．多使用导引性、提示性、征询性语言

F．做好接待过程的记录

3. 接待嘉宾应做到（　　）。

A．语气温和　B．语言礼貌文雅　C．多倾听　D．不打断嘉宾说话　E．不妄下结论

三、判断题

1. 迎接嘉宾应准时到位。（　）

2. 可随意抛出一个话题与嘉宾寒暄。（　）

3. 接待嘉宾过程中，如果嘉宾提出超越自己权限的问题，应谨慎回答。（　）

4. 为了跟嘉宾拉近距离，可问一些隐私问题。（　）

5. 接待过程中为尽快消除尴尬，可主动问询嘉宾的嗜好、特长等。（　）

四、技能实训题

小丽是广州某知名家具公司人力资源部经理助理。为了提升公司家具销售的业绩，人力资源部特邀请北京的张老师来公司为导购员开展销售技巧方面的培训。明天上午10点张老师就要乘飞机来广州，人力资源部的王经理让小丽负责张老师的接待工作。

请以小组为单位，就这项接待工作设计出一个合理的接待方案，并模拟小丽与张老师初次见面的接待沟通过程。

子任务4 接待嘉宾团

训练目标

1. 能了解群体沟通的特点；
2. 能掌握接待嘉宾团的基本要求；
3. 能按照接待嘉宾团的基本要求和注意事项进行接待。

任务情境

小陈是广州市某电脑公司接待人员。7月的一天，他接到上级领导通知，8月将有一个浙江的考察团来公司联系网络工程业务。考察团人员总数是13人，由该公司赵总经理带队，随行的还有赵总的夫人和小孩（12岁）。他们将在广州考察三天，游玩两天。

小陈应如何完成这个嘉宾团的接待任务？

训练步骤

1. 小陈接到这个接待任务，应该做的第一件事是什么？

2. 小陈应该用怎样的语言与不同的人员进行初次沟通交流？

与赵总沟通：

与赵总夫人沟通：

与赵总的小孩沟通：

与其他人员沟通：

3. 为保证各项接待活动有序开展，小陈对嘉宾团应该提出哪些要求？

（1）

（2）

（3）

4. 在和本公司的沟通协调中，小陈需要协调哪些部门的领导？请列出。

5. 在陪同嘉宾团游玩时，针对不同人员小陈的话题及接待内容应有何区别？

对赵总：

对赵总夫人：

对赵总的小孩：

对其他人员：

6. 请在下表中简要概括小陈接待嘉宾团的主要程序、常用语及语气和态度。

接待嘉宾团的主要程序、常用语及语气和态度

步骤	主要程序（概括要点）	常用语（主要语句）	语气、态度
1			
2			
3			
4			
5			
6			

7. 小陈完成本次接待工作时，应如何与嘉宾团道别？请模拟小陈完成群体沟通。

知识与技能

一、群体沟通的特点

1. 沟通对象复杂

群体沟通由于面对的人数比较多，而每个人都有不同的性格，还可能有年龄、性别、民族、国籍、信仰的差异，所以构成群体的人员越复杂，沟通也会越复杂，难度越大。

2. 强调规则和纪律性

群体沟通人数多，人员各方面差异较大，沟通时强调规则和纪律性就显得尤为重要。因此，在接待嘉宾团的时候，要尽可能地按流程走，要特别强调规则和纪律性，并将规则和纪律要求在流程手册上详细注明。

3. 信息容易被误解

由于个体存在倾听和理解的差异，在信息接收上，群体沟通容易出现发出同一信息却产生不同的接收效果和不同的理解的情况。在介绍和解释的过程中应尽量让嘉宾提问，如说明一个问题之后可以让个别嘉宾询问，再进行解释，这样就可以避免出现误解。

4. 沟通过程难以控制

在群体沟通的过程中，嘉宾之间不可避免地会进行讨论，会有人提出异议，接待人员这时应该把主要的问题提出来，引导大家尽量达成共识。

5. 对群体成员产生压力

如果是一个团队，可以用一些团体的口号、团队精神或者团队标志性动作来规范嘉宾团的一些行为，这样就会对个别嘉宾产生一定的压力，不用当面去批评或指责他（们），就可以让他（们）主动地“回到团队活动中来”。例如：发现个别嘉宾走得比较远，偏离参观路线，可以用团队的名称进行提醒：“光荣团的那几位嘉宾，回到我们的光荣中来吧！”

二、接待嘉宾团的基本要求

1. 根据嘉宾团的人员组成，采用不同的沟通语言和方式

详细了解嘉宾团的具体人数、人员构成情况（包括民族、性别、职务、年龄、特点、身体状况等），在接待沟通过程中，尽可能采用不同的沟通语言和方式。比如使用不同的方言、不同的礼仪、不同的肢体语言等，让不同的嘉宾都能有宾至如归的感觉，达到无障碍沟通。沟通时，语速应慢些，要重复提醒。

2. 以平等尊重的原则与嘉宾团成员沟通

切忌重领导，轻陪同，顾此失彼。这要求接待人员有一定的交际能力，能说会道，制造和谐气氛。接待人员尽量用一个轻松、大众化的话题进行引导，让大家都有话说。

3. 对特殊嘉宾（长者、儿童、少数民族人士等）应予以特别关照

针对特殊嘉宾，更应体现接待人员的人文关怀，比如帮忙拿包，可以随身多准备几件衣服、一些小玩具，这样有利于调节整个嘉宾团的气氛。记住，你的一个微小的帮助嘉宾的动作，会让整个嘉宾团对你和你代表的企业的好感大幅提升。

4. 耐心解释，群体和个体沟通并举

将整个接待流程印制成册，保证嘉宾人手一册，并预留几册，以防个别嘉宾丢失。应该用简明的语言向嘉宾团介绍接待流程。比如：早餐几点开餐，几点集合，在哪个地方上车，车牌号码是多少，参观地点在哪里、时间多久，中午几点就餐，等等。对没有听明白的嘉宾要耐心进行解释。

5. 小处着手

接待无小事，要从小处着手，从沟通细节入手，让嘉宾团感受到接待工作的细致周到。比如，可以将嘉宾团考察参观的视频做成光盘赠给嘉宾，还可以准备一些具有纪念意义的小礼品赠送给嘉宾团成员。

三、接待嘉宾团的注意事项

1. 尊重多数嘉宾的意见，实行民主集中制

实行民主集中制，先听取大多数人的意见，然后征求主要嘉宾意见，最后确定。这个过程需要反应迅速、不拖拉。

2. 尊重全体优先，考虑主要嘉宾的需求

要尊重每个嘉宾团成员的需求，但有冲突时，应考虑主要嘉宾的需求，并多方协调，得到大家的理解和认同。

3. 过程控制，有序进行接待

接待嘉宾团的流程应该提前策划好，不能因为安排的问题造成混乱。在接待过程中，一定要把每个接待环节的时间控制好，否则易造成衔接不畅，甚至出现混乱场面，难以把控。

4. 注意发现问题，及时妥善解决

注意观察大多数人的神情的同时，也要注意个别嘉宾的神情。如果发现有问题，应用积极的态度去解决；如果嘉宾想自己解决的话，你可以在你的权限范围内给予帮助。

5. 注意细节，用正面的语言良性沟通

由于嘉宾团人数较多，所以必须注意接待的细节，在有分歧的情况下，不用怀疑的语气和否定的语言去解决问题，而是要用正面的语言去沟通。例如，两部分嘉宾想去的地方不同，时间上也不允许分开行动，那么你协调的时候首先要肯定大家的想法，然后列出理由，比如车次、老人、小孩的问题，说服另外一部分人一起行动。总之，要站在大局上考虑，在小细节上注意。

接待嘉宾团，需要接待人员站在团里每一个人的位置上去考虑，做好接待工作，其中最需要的是接待人员的真诚、耐心、细心。

嘉宾团人员信息表示例

名称：

序号	姓名	性别	年龄	身份	电话	沟通注意事项
1						
2						
3						
4						

嘉宾团接待安排表示例

名称：

时间	内容	地点	负责人	沟通注意事项

巩固训练

这天，小陈接到一个接待任务，陕西西安一家电脑公司的王总、网络总工程师及技术人员一行四人来公司洽谈设备采购业务。他们提出要查看设备样品，听取设备介绍，然后再进行业务洽谈，并在广州住宿一晚。

请以小组合作的方式就这一接待任务做一个接待流程安排，并五人一组模拟此次的群体沟通（一名组员模拟小陈介绍接待流程，回答嘉宾团成员提问）。

职业技能鉴定指导

知识技能复习要点

1. 能了解群体沟通的特点；
2. 能掌握接待嘉宾团的基本要求；
3. 能从细节入手妥善接待嘉宾团。

模拟训练

一、单项选择题

1. 现有多个嘉宾团造访你所在的企业，作为接待人员，你采用下列哪种做法较为适合？（　）

A．和主要的嘉宾聊天，其他嘉宾先不管

B．对主要嘉宾阿谀奉承，对其他嘉宾置之不理

C．与主要嘉宾做好沟通，同时也注意其他嘉宾的动态，适当引导其他嘉宾加入话题

D．请其他嘉宾到另外一间接待室等候，先和主要嘉宾单聊

2. 嘉宾有下列哪项特点时需要进行有针对性的接待？（　）

A．是少数民族人士　　B．衣着华丽

C．说话的声调高　　D．迈着四方步，官态十足

3. 可以采用以下哪种方式规范嘉宾团的行为？（　）

A．当众高声叫喊　　B．快语速地重复提醒

C．慢语速地重复提醒　　D．惩罚（让嘉宾当众唱歌）

二、多项选择题

1. 群体沟通的特点包括（　　）。

A．沟通对象复杂　　B．沟通过程难以控制

C．信息容易被误解　　D．强调规则和纪律性

2. 接待嘉宾团的基本要求有（　　）。

A．了解嘉宾团的组成　　B．制订个性化的接待方案

C．应制定流程　　D．强调规则和纪律性

3. 接待嘉宾团的注意事项有（　　）。

A．主要实行民主集中制

B．过程中比较乱的时候，只听从主要嘉宾的意见

C．发现问题，马上进行妥善解决

D．尊重全体优先，考虑主要嘉宾的需求

三、判断题

1. 针对特殊嘉宾，应体现接待人员的人文关怀。（　）

2. 接待多位嘉宾的时候，要分清主次关系，照顾好主要嘉宾就行了。（　）

3. 对于嘉宾的要求必须满足，即使条件达不到。（　）

4. 当不能满足嘉宾的要求时，接待人员应该正面解释，这样不但不会陷入尴尬境地，还可以赢得嘉宾的尊重。（　）

5. 多位嘉宾同时提出意见时，应采用民主集中制，接待人员也可以适当建议。（　）

四、技能实训题

浙江杭州一家制造企业的四人嘉宾团前来A公司考察项目，带队的是制造企业的赵总，随行的有赵总的秘书、财务总监和总工程师。赵总，45岁，杭州本地人，对人比较温和，注重细节，喜欢喝茶。秘书姓钱，女性，33岁，上海人，打扮时髦，气质很好。财务总监姓李，同赵总一样都是杭州人，为人谨慎。总工程师姓王，山东人，性格豪爽。

请各学习小组运用所学的接待知识为A公司的秘书小陈设计出一份合理、详细的接待方案，并模拟嘉宾团接待的群体沟通过程。

任务评价

任务学习评价表

评价项目	评价关键点	配分	自评分	互评分	教师评分
沟通态度	主动平等沟通，积极认真倾听	10			
	态度和蔼友好、热情真诚	10			
口头语言	能熟练使用规范用语	10			
	语言表达流畅，能照顾嘉宾情绪	10			
	能根据不同语境运用恰当的语调、语速、语气准确地表情达意	10			
	应对妥当，能灵活处理问题	10			
肢体语言	能面带微笑接待嘉宾	10			
	举止自然，注意细节	10			
文明礼仪	着装得体，仪表大方	10			
	能根据嘉宾的不同情况运用恰当的礼仪	10			
合　计		100			

 任务二　与上司沟通

子任务1 接受上司的指示

训练目标

1. 能有效地倾听上司的指示；
2. 能准确地把握上司指示的重点；
3. 能委婉阐述自己对上司指示的意见和建议。

任务情境

中职毕业后的小芬，应聘到某钢铁贸易有限公司担任秘书。该公司的陈总是小芬的直属上司，为人严肃认真，做事果断自信，凡事都要亲力亲为，是个典型的工作狂。今天，小芬上班坐公交车的时候，由于公交车急刹，小芬的手机不小心摔到地上，摔碎了屏幕。小芬急坏了，从上班开始就一直为手机的事情惆怅。上午10点，陈总从外面洽谈业务回来，对小芬说："小芬，到我的办公室来。"小芬一边想着手机的事情，一边走进陈总的办公室。陈总坐在办公桌前对小芬说："小芬，请你现在通知公司的副总张总和李总，上午10点10分到1号会议室开会，商讨产品销售价格的问题；也通知财务部小玲，于11点到我办公室汇报本月公司财务情况。"

小芬怎样做才能出色完成陈总交代的工作任务？

训练步骤

1. 小芬接受陈总指示的时候，应该注意采用何种态度？

□傲慢　　□认真倾听　　□点头哈腰　　□无所谓

2. 小芬进入陈总办公室时需要注意哪些方面的礼仪？

3. 结合上述情境，你认为小芬对陈总的工作指示的倾听效果会如何？请说明理由。

☐很好

理由：

☐一般

理由：

☐很差

理由：

4. 小芬应该怎样倾听陈总的工作指示？请写出小芬应该使用的倾听方法和应有的行为举止。

倾听方法：

行为举止：

5. 小芬在接受工作指示的过程中，除了认真倾听外，还要做什么？

6. 请写出陈总布置的工作的重点内容。

7. 小芬在听取陈总指示的过程中，如有疑问，应该选取什么时间、采用怎样的语句询问陈总比较恰当？

选取的时间：

询问的语句：

8. 小芬应该说些什么话来结束与陈总的沟通？

知识与技能

一、下行沟通与上行沟通

下行沟通是指领导者对员工进行的自上而下的信息沟通。上行沟通是指下级的意见向上级反映，即自下而上的沟通。两者都属于沟通中的纵向沟通。

1. 下行沟通

下行沟通是管理沟通的主体。公司管理层所涉及的种种活动，基本上依赖下行沟通去实现。在组织中的表现形式通常为公司政策、报告、信函、备忘录、谈话、口头指示、会议、传真、电子邮件等。下行沟通的策略包括：

（1）制订沟通计划；

（2）减少沟通环节，提高沟通效率；

（3）去繁从简，减轻沟通任务；

（4）言简意赅，提倡简约的沟通；

（5）启用反馈，鼓励接受者对信息进行评价；

（6）沟通方式多介质组合，比如，书面形式与电话沟通相结合。

2．上行沟通

上行沟通则开辟了一条管理人员听取员工意见、想法和建议的通路，给员工提供了参与管理的机会，从而减少了员工因不能理解下达的信息而造成的损失。在组织中的表现形式通常为建立建议系统、申诉和请求程序，领导者参加员工座谈会，设置巡视员等。上行沟通的策略包括：

（1）建立信任；

（2）适当采用走动管理，安排非正式的上行沟通；

（3）维护管理层的内部一致性，请示、汇报工作严格按照职责分工进行，不越级，不在背后发议论。

作为秘书，与上司的沟通必不可少，要想协助上司做好工作，就要理解上司，掌握有效的沟通方法，具备一定的沟通技巧。

二、接受上司指示的态度与礼仪

1．接受上司指示的态度

接受上司的工作指示时，要用认真的态度倾听上司布置的工作任务，用明确的态度回答，如“是的”“好的”“我会尽最大努力去做”“我立刻去落实”，这样有助于上司对你产生信任感。

2．接受上司指示时需注意的礼仪

（1）在进入上司办公室前，应先轻敲门三声，经上司允许后方可进入。

（2）站着接受上司指示时，身体要站直，挺胸收腹，重心放在两腿间，手臂自然下垂，形成一种优美挺拔的姿态；坐着接受上司指示时，上身要保持直立，不可坐得太深，双手可以放在大腿上。如果上司站着，自己也必须站着倾听上司的指示；记住不可站得或坐得比上司高。

（3）接受上司工作指示时，应该不时与上司有视线交流，一边记录一边点头，用肢体语言表示对上司的尊重和回应——上司说的话你都听清楚、听明白了。

（4）接受指示完毕后，要再次确认上司指示的关键内容，以保证你对工作要点的理解和记忆（录）准确无误。最后询问上司是否还有其他事情吩咐，再礼貌地道别，离开上司办公室。

三、有效倾听

1. 有效倾听的重要性

（1）有效倾听对方的语言，能让对方感觉到他受到了尊重，从而能鼓励其积极表达，这样有助于你发现其真实需要，建立和谐友好的人际关系。

（2）有效倾听有助于你获取更多的信息，更全面、准确地理解对方表达的思想、观点、情感和态度，从而减少误解，增强共识，促进沟通双方的深入交流。

（3）有效倾听有助于你发现问题的关键所在，从而化解双方的矛盾冲突，处理不同的意见，提高个人解决问题、处理问题的能力。

2. 有效倾听上司指示的技巧

（1）恰当运用肢体语言

一个人的表情、举止及动作，不仅可以透露出个人的思想和心理语言，同时也可以直接反映个人的性格、气质及修养。因此，在倾听的过程中，即使你没有说话，内心的真实情绪和感觉也会通过你的肢体语言清楚地展现在上司的眼前。为了使倾听更有效，我们在倾听的过程中，身体要略微前倾地面向上司，并带有自然的微笑表情，用友善的眼神注视着上司，与之保持稳定的目光交流，注视的时间长短应适当把握。同时，要把注意力集中在上司说话的内容上，随上司的话语做出积极的反应，适当点头致意，以传达一种积极倾听的信息，以示对上司的尊重。此外，在倾听时，切忌手臂交叉抱于胸前、手插口袋、双手攥拳或手上做小动作。

（2）适时回应

在上司发布工作指示时，要用点头或轻声应答“嗯”“好的”等来及时表示你已经清楚工作的内容和要求。上司工作指示的表达不仅仅只有命令形式的，还有一些如“不知道能不能帮我把这个包裹邮寄出去”“要是能帮我装订好这些资料就太好了”等拜托性的请求，这时，要及时做出反应，切忌神情木讷、毫无表示。

（3）不随意打断上司说话

在上司交代工作任务时，要认真倾听，这既是礼仪，也是工作方法。在倾听的过程中不要打断上司的讲话，如有不清楚的地方，应该等上司讲完后，及时提出并询问清楚。

（4）适时适度提问

如因自己走神、上司语速太快等原因没有听清楚上司指示，要适时询问。如果过早提问会打断上司的思路，而且显得不礼貌；如果过晚提问会被认为注意力不集中或未能理解其意图，使其产生误解。所以，应该在上司完成指示后，及时提出疑问。如果确有必要在上司指示过程中提问，可以在上司说话的间歇及时插入一句：“不好意思，要打断您一下。关于……，您的意思是……”。还要注意语速适中，如果话说得太急，容易使上司觉得你咄咄逼人，引起上司的不满；如果提问语速太慢，上司会不耐烦，觉得你是个散漫的人，对你的印象大打折扣。

（5）切忌先入为主

在倾听上司指示时应持虚心的态度，尽可能避免先入为主。如果在开始倾听的时候，你头脑中就冒出“他怎么又说一遍”或“他这么专权，什么都是他说了算”这样的念头，那就说明你已经戴上了“有色眼镜”，这样会影响你准确接受上司指示的信息，不利于领会上司的指示要点。因此，在倾听时应避免急于对上司的讲话下结论，或立即接过话题给予反驳。

四、把握上司指示重点的方法

1. 按“5W1H”原则做好记录

在接受上司指示前要准备好笔和笔记本；在听取指示的过程中，要按照“5W1H”的原则把工作要点记录下来。

“5W1H”的意思如下：

Who——何人（人）

When——何时（时间、时期）

Where——何地（场所、位置）

What——何事（事件）

Why——何因（目的、理由）

How——怎样做（方法、顺序）

2. 复述指示

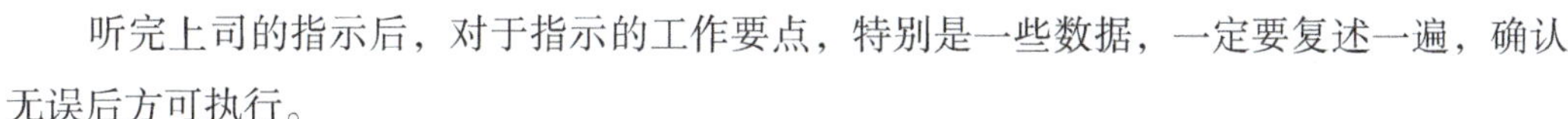

听完上司的指示后，对于指示的工作要点，特别是一些数据，一定要复述一遍，确认无误后方可执行。

3. 按指示执行

当上司一次交办的事情比较多时，应问明上司应优先处理哪些工作，哪些工作更重要，切忌按自己的意愿来决定工作的先后顺序。

五、向上司委婉阐述意见的技巧

1. 语音要轻柔，语调要缓和

与上司面对面交流时，音量要适中，声音要轻柔。说话的速度不可太快，否则影响上司理解，也容易给上司留下急躁的印象。应注意放慢语速，但也不可过慢，让上司感觉你做事拖沓。

2. 语气要委婉，表达要恰当

向上司表达自己的意见时，一定要用征询、委婉的语气阐述意见。当你对上司的指示有自己的看法或是更好的办法时，可以自信坦率地阐述自己的意见，但一定要注意说话的技巧。当提出一些有关决策性建议时，不能直截了当、脱口而出，如“梁总，您说错啦，应该是这样做……”，而应当以“不好意思”之类的客气话做铺垫，营造一个和谐的谈话气氛。例如：

（1）“陈总，您的想法我很理解，我会按您的要求去做的。不过关于会议的细节，您看可不可以这样安排……”

（2）“张经理，不好意思，关于方案的问题，我是这么认为的，不知道对不对……”

（3）“李总，您的指示我会认真执行。对于会议时间安排方面，我有个想法想说一说……”

上述建议都是以客气话做铺垫，采用间接的询问方式，即使上司不接受，也会认真考虑。此外阐述自己意见和建议的时候，一定要避免用命令的口吻，如“这是不允许的，您知道吗”“您最好想清楚”这种命令式的语调，非常容易引起上司的反感。

3. 语言要简洁，言辞要有礼

由于听觉注意力持续的时间较短，若阐述意见时间过长，会使信息接收效果大大削弱，因此阐述意见应以简短有效为佳。同时，要用商量的口吻去表达，配以敬词“请”“您”等，例如：

（1）“王总，请您允许我说一说自己的见解”

（2）“陈总，下周的会议我是这样安排的：……，您看合适不合适？”

此外，在向上司阐述自己的意见和建议时，切忌使用带有强制性的语言，如“张总，您凭什么说我的意见不好？”“董事长，您最好按照我的建议去做”等。

六、把握合适的空间距离

在接受上司指示的时候，一定要把握好与上司之间的空间距离。距离太远会使彼此产生距离感，不利于得到上司的信任与重视；距离太近则容易被上司猜忌，而且自己的缺点和不足也容易被上司发现，从而影响上司对你的评价。美国人类学家、心理学家爱德华·T. 霍尔把一般人常用距离划分为亲密距离、私人距离、社会距离、公共距离四种。实际沟通时，应根据具体情况综合考虑，比如要考虑上司的性别、年龄、性格、为人处世风格及不同场合等多种因素，合适把握与上司之间的空间距离，做到既尊重上司，又不显得有距离感。

巩固训练

小琳是丰恒家居涂料贸易有限公司的秘书。该公司的董事长徐总为人和蔼友善，重视团队的归属感，愿意聆听下属的困难与要求。一天，徐总从外面洽谈业务回来，让小琳立刻去他的办公室。徐总对小琳说："小琳，首先通知公司销售部、财务部、行政部的经理于今天上午10点集中到小会议室开个短会；接着再通知公司全体员工于上午11点集中到多媒体会议室开会；最后你打电话到江林美子涂料公司的秘书处，确认销售合同是否已经收到。"小琳在进徐总的办公室前，已经知道销售部经理5分钟前出发到广州机场接一位重要的客人，财务部经理早上临时有急事请假，多媒体会议室整个上午由于要进行多媒体设备的维护暂时不能使用。

请根据以上情境，两人一组模拟完成小琳接受徐总的工作指示的全过程，以及小琳向徐总阐述自己意见的工作过程。

 职业技能鉴定指导

▶ 知识技能复习要点

1. 能掌握有效倾听上司指示的技巧；
2. 能把握上司指示工作的重点；
3. 会运用技巧委婉地向上司阐述自己的意见。

▶ 模拟训练

一、单项选择题

1. 不属于上行沟通方式的是（　）。

A. 发通知　　B. 员工座谈会
C. 向员工征求意见　　D. 设立信箱

2. 在倾听上司指示的过程中身体要（　）。

A. 向后靠　　B. 站立　　C. 稍稍向前倾　　D. 侧倾

3. 与上司面对面交流时，语速要（　）。

A. 飞快　　B. 缓慢　　C. 适中　　D. 无所谓

4. 坐着接受上司指示时，双手可以放在（　）。

A. 大腿上　　B. 口袋里　　C. 椅子上　　D. 脸上

5. 在听取上司指示时，如有不清楚的地方，应该（　）及时询问清楚。

A. 立刻打断上司讲话　　B. 迅速表态
C. 举手　　D. 等上司讲话完毕后

二、多项选择题

1. 接受上司指示的技巧包括（　　）。

A. 认真倾听　　B. 适时回应　　C. 不做任何反应　　D. 复述指示

2. "5W1H"原因包括何人、（　　）、（　　）、（　　）、何因，怎样发生的六个因素。

A. 何时　　B. 何事　　C. 何地　　D. 何物

3. 在上司发布工作指示时，要用点头或轻声应答（　　）等语言来及时表示你已经清楚工作的内容和要求。

A. "啰唆"　　B. "嗯"　　C. "好的"　　D. "哼"

4. 向上司委婉阐述自己意见时，应该（　　）。

A. 语音轻柔　　B. 语气强硬　　C. 语速适中　　D. 音调要高

5. 接受上司指示时应避免哪些情况？（　　）

A. 嬉皮笑脸　　B. 吞吞吐吐　　C. 污言秽语　　D. 态度诚恳

三、判断题

1. 接受上司指示时，只需要认真倾听，不用做记录。（　）

2. 接受上司指示时，可以毫无反应。（　）

3. 向上司阐述意见的时候，可以用商量的口吻去表达。（　）

4. 在上司指示过程中，遇到听不清楚的时候应该立刻询问上司。（　）

5. 向上司阐述自己意见的时候，态度要强硬。（　）

四、技能实训题

小秦任职于欧美汇现代家具贸易有限公司，担任公司吴董事长的秘书。由于公司明天要参加家具展销会，小秦正忙着装订公司的宣传资料。下班前半个小时，吴董事长对小秦说："小秦，你现在马上到邮局帮我把这份合同邮寄给上海联盟家具有限公司。下班前要通知全体员工，明天早上7点半准时在公司门口集合，集体出发去家具展销会。还有，打电话给司机小马，让他把客户李总从机场接到东风酒楼，我会与李总共进晚餐。"小秦听完指示后，看了看手表，心想：现在都差不多下班了，如果去一趟邮局我就要加班做宣传资料的装订，今天恰巧又是孩子的生日，已经答应孩子下班回家给他庆祝生日；公司有部分员工住在博览会附近，如果要他们先来公司再去会场，他们可能会有意见。

请两人一组，分别扮演吴董事长和小秦，模拟小秦接受吴董事长指示的工作过程和小秦发现接受的工作任务与现有工作任务冲突，向吴总阐述自己意见的工作过程。

子任务2 向上司汇报工作

训练目标

1. 能适时地向上司汇报工作；
2. 能准确地向上司汇报工作的重点；
3. 能巧妙地向不同性格类型的上司汇报工作。

任务情境

中职毕业的朱迪任职于甜美床上用品有限公司，担任公司老板黎总的秘书。朱迪自入职以来工作认真负责、一丝不苟，但由于性格较为内向腼腆，与上司沟通的时候常常处于被动。今天早上黎总计划外出洽谈业务，外出前他交代给朱迪的任务是：（1）通知财务部小夏于今天下午两点到国税局三楼会议室开会；（2）打电话给床上用品商业协会李秘书长，询问明天商业协会会议议程；（3）写好我明天参加商业协会会议的发言稿。上午11点左右，黎总返回公司。朱迪心想：这次我要主动给上司汇报工作。

朱迪应该如何向黎总进行口头汇报？

训练步骤

1. 朱迪选择什么时间向黎总汇报工作比较恰当？请分析并说明理由。

□黎总刚回到公司时

理由：

□黎总回到办公室片刻后

理由：

□黎总准备下班时

理由：

2. 朱迪在汇报工作前需要做哪些准备工作？

（1）

（2）

（3）

3. 朱迪进入黎总办公室的时候，应注意观察什么？

4. 朱迪应该先和黎总说些什么话来引入自己的工作汇报？

5. 朱迪向黎总汇报工作内容的先后顺序应该怎样安排？

首先汇报：

接着汇报：

最后汇报：

6. 请写出朱迪向黎总汇报每项工作应使用的沟通语言（包括肢体语言）。

工作任务	沟通语言
任务1	
任务2	
任务3	

7. 朱迪离开黎总办公室时还要说什么话来结束沟通？应采用怎样的肢体语言？

结束语：

肢体语言：

知识与技能

一、口头汇报的准备

1. 明确汇报目的和目标

在汇报工作之前，首先要明确汇报目的和目标，应该清楚为什么汇报、汇报什么。汇报目标决定了汇报者汇报的方式和所应使用的语言，比如：汇报工作完成情况，应该直接说明结果，言简意赅；汇报工作进程，应该详细说明工作步骤、开展情况以及要解决的困难。

2. 理清思路

口头汇报要让对方听明白，就需要汇报者语言表达清楚，因此，汇报前要梳理汇报的思路，想好汇报的要点和措辞，使汇报内容层次清晰。另外，最好把能想到的问题都想到，而且越周到越好，这样在上司问到相关问题时都能对答如流。

3. 准备好相关资料

口头汇报要根据汇报内容的需要，准备好相关资料，比如汇总表、安排表、议程表、业绩表等有关文件。在汇报之前不仅要把相关资料准备齐全，还要把汇报的主题以及相关情况了解清楚。

4. 选择适当的时机

汇报工作要根据上司的工作情况而定，当上司公务繁忙或工作中出现困难、心情烦躁时，一般不宜贸然开口汇报，除非是紧急的事务。下属应选择上司乐意听取汇报的时机进行汇报，以取得预期的效果。

5. 调整心态

向上司汇报工作前要调整好自己的心态，可以先就一些轻松的话题与上司做简单的交流，进行简单的寒暄和问候，以营造利于汇报的氛围，稳定自己的情绪，以最佳的精神状态去进行工作汇报。与上司级别差距越大，汇报者的心理压力也越大。这时，更需调整好自己的心态，做好充分的心理准备。

6. 注意个人仪表

汇报前要检查个人的仪容仪表，应做到：面容整洁，头发干净整齐，服装平整，神情愉悦，整体和谐。最好能在办公室摆放一面镜子，汇报前对照看看，整理好仪容仪表，不要因着装打扮不妥和体味不佳引起上司不悦。

二、口头汇报的原则

1. 汇报内容得当

上司的时间是有限的，因此，要汇报上司所关心的工作内容；事无巨细，统统汇报，会有邀功之嫌。一般来说，下列情况要向上司详细地、全面地汇报：

（1）刚刚完成的工作应立即向上司汇报，比如刚刚结束的会议情况；

（2）工作进行到一定阶段时必须向上司汇报，比如新投资的项目业务开展情况；

（3）工作遇到问题，需要延期完成时，要及时向上司汇报。

2. 汇报层次清晰

（1）先总后分，巧分层次

汇报前先总结汇报的内容，将内容进行归纳和分类，使汇报内容层次清晰。先汇报工作的整体思路与核心内容，再分层次地汇报相关工作的措施、关键的环节、遇到的问题、解决的方法、收到的成效等。

（2）先讲重点，再讲次要问题

区分汇报内容的层次，把重点内容放在前面汇报，以加深领导的印象。同时汇报几件事，要注意汇报的先后次序：一般来说，好消息要放在前面，以利于营造谈话气氛；重要和紧急的事情、上司关心的事情先汇报，次要和不紧急的事情后汇报。汇报时还要善用材料、巧用数字，还可以加入专业名词，凸显汇报内容的深度。

（3）先谈结论，再补充论据

对于已有结果的工作汇报，应先谈结果，总结结论，再补充说明情况和论据。

3．汇报语言真实、准确、简明，表达得体

在汇报工作的过程中，注重语言客观真实、言简意赅、措辞得体。汇报工作时要求语言准确，不能含糊其辞。此外，汇报时还要口齿清晰，表达流利，语调适宜，声音柔和，表情自然大方。

口头传递信息时，声波瞬间即逝，只有说话者口齿清晰，才能保障信息顺利地上传下达。因此，下属向上司汇报时要口齿清晰，语言表达清楚、连贯不结巴，不带口头禅。说话的时候切忌重复使用“这个”“那个”“然后”“完了”等口头禅，或每句后面用“啊”等词，一句话中“杂质”频现，会影响话语的清晰和流畅；在发音准确、口齿清晰的基础上，下属还应音色优美，优美动听的声音给听者以美感，同时也让你的汇报锦上添花。汇报时语速要适中，避免用不紧不慢、节奏单调的语速语调。

4．适时留意上司的反应

在汇报的过程中，下属应适当与上司保持眼神的接触，留意上司在听取汇报时的表情。应通过上司的语言、姿态、脸色、眼神、情绪的变化，分析上司的心理，及时调整语音语调，调整汇报内容或语言，或转移话题，以达到与上司的顺畅沟通。

5．耐心倾听

在汇报的过程中，上司会下达任务、发出指令。作为下属，务必仔细倾听、记录、复述、确认，准确理解上司的意思，明确完成任务的时间、地点、执行者、目的，做什么，怎么做等。

6．适时离去

汇报结束后，告辞要适时而有礼貌。如这时上司谈兴正浓，你应耐心倾听和回应。当上司说出“今天我们就谈到这儿吧”或“待会儿我还有其他安排”之类的话时，应立即告辞。

三、口头汇报的类型

1．告知性汇报

告知性汇报通常是运用逻辑性较强的语言进行客观表述，将时间、地点、人物、事情、原因、背景、开始、发展、结果以及利害关系等方面，原原本本地向上司汇报清楚，让上司能够知道和掌握事情的整体情况。告知性汇报讲求实事求是，因此汇报时一定不要含糊其辞、表意不清，避免使用“据说”“估计”“也许”“可能”之类的模糊词语。此外，汇报时不要添加任何感情色彩和描绘成分，更不能将自己的分析猜想作为事实汇报，像“我想”“我认为”等词语要慎防出现。

2．请示性汇报

请示性汇报不仅要使上司掌握整件事的情况，还要上司给予明确的答复。在做请示性汇报时，一定要全面陈述，因为汇报与请示二者有因果关系，让上司通晓情况才便于决策。

请示时要具体、简洁，请示问题不宜太笼统，范围不宜太大，宜简短、精练。

3. 建议性汇报

上司有时会就下属所汇报的事情征求下属的意见和看法，这时候你可以视情况回答。可以用“您看这样可不可以”“是不是这样办”“我对这事不是很清楚，所以我说的意见不一定正确，您看……好不好”等设问句来开头，再将自己的建议和意见逐条罗列出来，供上司参考。向上司做建议性汇报时，要措辞得当，用语稳妥，切忌用“你应该”“你必须”等强硬语言。

四、向不同性格类型的上司汇报的技巧

向不同性格类型的上司汇报工作，应采取不同的技巧。

向不同性格类型的上司汇报的技巧

上司性格类型	性格特点	汇报技巧
老虎型	这类型上司自信、果断，勇于冒险，工作中最为关注的就是事情的重点和做事的结果，一切均以目标和实质性的成果为导向，并对目标全力以赴	汇报时快、精、准地切入主题中心，不做过多的铺垫，要突出汇报重点，同时要简单明了地列举出各种方案所能达成的各种结果以及可能形成的影响
孔雀型	这类型上司亲切友善，擅长口头表达，善于交际，爱面子，富有同情心，创新能力强，重视团队的归属感	汇报前要对问题进行多方位的思考；汇报时注意语言表达规范、准确，注意多配合肢体语言的使用，态度谦逊，举止得体
考拉型	这类型上司平易近人、敦厚可靠，在行为上表现出冷静自持的态度，面对困难能从容应对，在决策方面需要较充足的时间	汇报前要有充分的准备；汇报时要有充分的耐性，汇报内容要全面细致，汇报列举的事例要准确无误，对于问题解决结果的预计也要合理
猫头鹰型	这类型上司责任感强，行事条理分明，行为中规中矩，一切工作都根据制度与规定进行，重视承诺与纪律，做事重视是非对错，有完美主义的倾向，对工作精益求精	口头汇报时一定要系统化、程序化，要有条不紊地汇报；还需要提供细致、全面的书面汇报

巩固训练

尚选家具有限公司陈董事长，行为中规中矩，责任感强，一切工作根据制度与规定进行，是一个对工作精益求精的人。这天，陈董事长从外面洽谈业务回来，打电话给秘书小美交代工作任务:（1）通知公司的两位副董事长（张董、李董）20分钟后与他一起外出拜访客户;（2）打电话给电脑维修公司，预约时间上门维修他的办公电脑;（3）汇报一下公司三周年庆典的活动方案。小美联络后得知张董去其他地区收货款，不能及时赶回来拜访客户；电脑维修公司人员将于今天下午两点半到公司维修电脑。公司三周年庆典活动方案早已做好，小美又仔细梳理了一遍汇报思路。

尚选家具有限公司三周年庆典活动方案

项目名称	起止时间	项目内容	责任部门	部门工作
聚餐	17：30–18：30	公司员工聚餐	后勤部	做好后勤保障
庆典入场	18：45–19：00	公司员工进入庆典会场	行政部	引导员工入场就座
庆典开场	19：00–19：05	公司三周年庆典视频播放	技术部	制作视频
	19：05–19：10	陈董事长致辞	秘书部	准备发言稿
	19：10–19：30	为优秀员工颁奖及员工代表讲话	后勤部	准备证书、奖品，安排员工代表准备发言稿
有奖猜猜猜	19：30–20：00	游戏互动赢大奖	行政部	设计游戏内容，购买游戏奖品
沙画欣赏	20：00–20：15	公司成长历程回顾	拓展部	联系沙画艺术创作人创作
大合唱	20：15–20：20	全体员工合唱《明天会更好》	宣传部	准备伴奏音乐
合影留念	20：20–20：30	全体员工合影留念	后勤部	准备相机
庆典结束，清理会场	20：30–21：00	全体员工退场，工作人员清理会场	后勤部	检查清洁情况

请根据以上情境，两人一组模拟完成小美向陈董事长汇报工作的全过程。

职业技能鉴定指导

▶ 知识技能复习要点

1. 能掌握汇报工作的原则；
2. 能掌握向上司汇报工作的重点；
3. 会向不同性格类型的上司进行工作汇报。

▶ 模拟训练

一、单项选择题

1. 汇报工作的顺序是（　）。

A. 先讲次要，再讲重点　　B. 先闲聊，再汇报

C. 先讲重点，再讲次要　　D. 先发牢骚，再汇报

2. 与领导进行会议情况沟通的重要原则之一是（　）。

A. 复杂性　　B. 择优性　　C. 双向性　　D. 全面性

3. 告知性汇报时要（　）。

A. 只记重点内容　　B. 实事求是

C. 适当运用模糊词语　　D. 加入自己的主观判断

4. 向（　）上司汇报时，要有充分的耐性。

A. 考拉型　　B. 老虎型　　C. 孔雀型　　D. 猫头鹰型

二、多项选择题

1. 口头汇报的类型包括（　　）。

A．告知性汇报　B．请示性汇报　C．强制性汇报　D．建议性汇报

2. 向老虎型上司汇报工作的技巧有（　　）。

A．要事无巨细全面汇报　　B．汇报时要认真铺垫

C．汇报时快、精、准地切入主题中心　　D．汇报时要突出重点

3. 汇报时应避免使用哪些词语？（　　）

A．据说　B．也许　C．估计　D．听说

4. 除有紧急情况需要即刻汇报外，以下哪些情况一般不适合向上司做工作汇报？（　　）

A．上司正埋头处理文件　　B．上司心情舒畅

C．上司准备外出　　D．上司愤怒万分

三、判断题

1. 汇报时先谈结论，再补充论据。（　）

2. 考拉型上司的性格是中规中矩，重视承诺与纪律。（　）

3. 汇报时可以长篇大论。（　）

4. 汇报工作不需说出重点。（　）

5. 结束汇报后，要适时而有礼貌跟上司告辞。（　）

四、技能实训题

李娟中职文秘专业毕业后，被招聘到某防伪软件开发公司做总经理秘书。该公司总经理张华是一个做事稳健、性情温和的人。由于业务发展的需要，该防伪软件开发公司计划公开招聘1名销售员，自招聘日至今已有5名应聘者提交了简历。张总对李娟说："李娟，你现在把5名应聘者的个人简历资料整理一下，然后制作成一份应聘者资料汇总表发给我，并通知这5名应聘者于下周一上午9点到公司进行面试。"李娟按照张总的工作指示完成相关工作后到张总的办公室进行汇报。

请两人一组，模拟李娟向张总汇报工作的全过程。

子任务3 向上司请示

训练目标

1. 能正确地向上司请示工作；
2. 能向不同性格类型的上司请示工作。

任务情境

小丽是聚龙塑料贸易有限公司王总的秘书，王总为人严肃认真，做事果断自信，注重事情的结果。一天上午，在王总外出洽谈业务的时候，小丽接到两个电话：第一个是顺兴贸易有限公司的陈总打来的，他想邀请王总于明天下午3点到顺兴公司三楼会议室洽谈PP塑料合作项目的细节，之后还想与王总共进晚餐；第二个电话是电信营业厅打来的，由于公司本年度的宽带上网业务即将到期，现在电信推出光纤上网优惠套餐活动，想咨询一下公司是否有意愿办理光纤优惠套餐。

下午王总回到公司后，小丽立即向王总请示："王总，您看明天什么时间有空？"王总："我明天有事外出，没空。"小丽说："那您什么时候有空？后天怎么样？"王总没讲话，小丽便接着问："后天早上您是否有空？"王总有点儿莫名其妙，问小丽："你是想问什么事吗？"小丽说："顺兴贸易有限公司的陈总打电话过来，想邀请您明天下午3点到他公司三楼会议室洽谈合作项目，但您刚才说明天没空，那我等会儿回复他说您不能参加就好了。还有电信也打电话来询问上网的事情，看看您是要宽带上网还是使用光纤上网。"王总听完小丽的请示后大为不悦。

假如你是小丽，应该如何向王总进行口头请示？

训练步骤

1. 小丽接听的两个电话的重点内容分别是什么？

电话	重点内容
第一个电话	
第二个电话	

2. 王总属于＿＿＿＿＿＿＿＿性格类型的上司。
3. 针对王总的性格特点，小丽在请示前需要做好哪些准备工作？

4. 结合王总的性格特点，小丽应该怎样向王总请示？请写出小丽请示时应使用的语句。

5. 小丽说出请示的内容后，下一步应该做什么？

6. 小丽请示结束后，应该如何与王总道别？

知识与技能

一、口头请示的态度与要求

1. 尊重而不吹捧

向上司口头请示的时候，要采取不卑不亢的态度，尊重上司、维护上司的权威，支持上司的工作，但不能唯唯诺诺、一味附和，也不能恃才傲物、盛气凌人。

2. 请示而不依赖

在贯彻执行上司的工作要求时，会遇到各种不同的情况，如需要做超出自己权限范围的决定、工作进展中出现重大意外情况等。遇到这些情况，秘书不宜擅自决定，而应多请示，请上司对难以解决的问题予以定夺。但在工作中又不能事事、时时向上司请示，而应在自己能力和职权范围内积极发挥主观能动性，确保完成任务。

3. 主动而不越权

在工作上要积极主动，勇于提出自己的意见。但是，积极主动的同时不要擅权越位，对于超出自己职权范围的工作，即使能力足够，也不要插手，切勿喧宾夺主。

二、口头请示前的准备

1. 明确目标，阐明理由

按照“5W1H”的原则，弄清楚为什么要请示、请示什么内容，明确请示目标。如果就某个特殊问题请求上司批示，自己心中至少要有两套以上的解决方案，并对其利弊了然于胸，必要时向上司全面阐述清楚，并提出自己的主张，争取上司的理解和支持。对于要请示的内容，应尽可能想出上司可能提出的问题，做到心中有数，不仓促上阵。请示前要理清思路，说明请示的依据，条理清楚地阐述请示的理由，做到有理有据。

2. 把握时机，注意场合

最佳的请示时机是在上司心情舒畅、精神饱满的时候，切忌在上司紧张工作、焦急、盛怒、情绪低落、准备外出的时候进行请示。这样，请示的结果会大打折扣。此外，还要注意请示的场合，切忌在路上、饭桌上、上司家里请示工作，更不宜在公开场合与上司耳语请示工作。

3. 调整情绪，放松心态

口头请示前要先做好思想准备，调整好情绪，消除紧张心理，使自己放松心态、树立信心，才能与上司顺畅沟通。切忌抱着无所谓的态度，给上司留下思考不深入、工作不认真、做事随意的印象。

三、口头请示的技巧

1. 顺序合理

口头请示时，应先谈事由，再谈建议和意见。上司一般更想先了解事情的结果，所以在请示工作时要先说结果，再谈过程，这样能使请示更加简明扼要，有效节省时间。

2. 原则明确

按照下级服从上级的原则，坚持逐级请示。避免多头请示，坚持“谁交办向谁请示”的原则。

3. 语言简明

向上司请示工作时，一定要抓住重点、语言简明，东拉西扯、辞不达意既浪费上司的时间，又令人生厌。请示时要做到思路清晰，观点精练，语言顺畅、逻辑性强、朴实准确，切忌语言啰唆、拖泥带水，说过头话。如果请示中要列举数字，一定要保证数字准确无误。

4. 请示的行为

向上司请示工作时，要随身携带纸笔。对上司的指示，要仔细听、认真记，以便及时准确地落实。在肢体语言方面，要身体微微前倾，态度恳切，说话时可配合适当的手势，增强表达效果。

向不同性格类型的上司请示的技巧

上司性格类型	请示技巧
老虎型	以请教的方式进行请示，声音洪亮自信，态度谦恭，语言表达要简明扼要、直奔主题，回答准确及时
孔雀型	声音温和，态度热情，适当寒暄，保持微笑，对内容细节可与上司做进一步的确认
考拉型	语速适当放慢，态度诚恳，请示时保持适当的眼神接触，表述请示内容要条理清晰
猫头鹰型	音量、语速适中，请示时直接进入主题，多用专业术语、数据及图表，对关键细节应加以说明

巩固训练

小樱是迅飞装饰贸易有限公司总经理徐仁的秘书。徐总为人和蔼友善，重视团队的归属感，愿意聆听下属的困难与需求。一天上午徐总外出洽谈业务时，小樱接到同游旅行社陈经理的电话，询问下个月公司去旅游的线路是否已经确定。此外，保险公司的陈小姐拿了一些保险产品明细表到公司，想找徐总洽谈下一年公司给员工购买保险的细节。下午徐总从外面洽谈业务回来，气鼓鼓地进了办公室。

请根据以上情境，两人一组模拟完成小樱向徐总请示的工作过程。

职业技能鉴定指导

▶ 知识技能复习要点

1. 能掌握向上司请示的技巧；
2. 会向不同性格类型的上司请示。

▶ 模拟训练

一、单项选择题

1. 口头请示时应（　）。

A. 避免罗列具体数字　B. 语言连贯流畅　C. 不断重复要点　D. 抱着无所谓的态度

2. 在哪种情况下可以向上司进行请示？（　）

A. 上司情绪急躁　B. 上司准备外出　C. 上司精神疲惫　D. 上司心情舒畅

3. 向上司请示的顺序是（　）。

A. 先谈事由，再谈建议　B. 先谈意见，再谈结果

C. 先分后总　D. 先谈结论，再谈内容

二、多项选择题

1. 向老虎型上司请示时语言要（　）。

A. 简明扼要　B. 华丽讲究　C. 重复啰嗦　D. 直截了当

2. 口头请示要采取（　）的态度。

A. 尊重而不吹捧　B. 请示而不依赖　C. 主动而不越权　D. 听从而不被动

3. 向上司请示工作的场合要避免在（　）。

A. 上司家里　B. 上司的办公室里　C. 路上　D. 洗手间里

三、判断题

1. 口头请示时，可以不用准备。（　）
2. 口头请示时，身体要向后倾。（　）
3. 口头请示时，要尊重上司，语言彬彬有礼。（　）
4. 在口头请示的过程中，只需要说，不需要听。（　）
5. 在工作中要事事向上司请示，充分依赖上司。（　）

四、技能实训题

小余中职文秘专业毕业后，任职于澳宝厨具贸易有限公司，担任庞总的秘书。庞总责任心强，做事重视是非对错，工作中精益求精。下周，公司将在君来酒店举行新产品发布会，酒店的经理打电话来询问庞总布置会场的事宜，恰巧庞总外出洽谈业务。

请两人一组，模拟小余向庞总进行口头请示的全过程。

子任务4 向上司提出建议

训练目标

1. 能合理地选择向上司提建议的策略；
2. 能有效地向上司提出建议。

任务情境

小萌中专毕业后应聘到汇力友果汁饮料有限公司担任姜总的秘书。小萌平时工作认真负责，积极上进，工作表现出色。一天，小萌拿着文件到办公室找姜总签字，却发现平时和蔼可亲、笑容满面的姜总正眉头紧锁、一言不发。原来，昨天公司的文员小英接待了从上海第一次来公司洽谈业务的洪总，洪总因为小英打扮花俏，对公司的印象大打折扣，最后洽谈失败。小英一向打扮花俏，每天浓妆艳抹，穿着时尚超短裙，手上戴着五颜六色的手镯。姜总让小萌说一说关于公司员工着装礼仪方面的建议。小萌心想：公司部分女员工的打扮我一直都看不惯，花俏低俗，显得没品位。对于着装，公司应该要求男同事每天穿西装打领带，女同事穿套装和高跟鞋、化淡妆。

小萌应该如何恰当地向姜总提出自己的建议？

训练步骤

1. 小萌应该用怎样的语气、态度和沟通语言进入向姜总提建议的沟通环节？

语气：□夸张　□强硬　□委婉　□咄咄逼人

态度：□斩钉截铁　□诚恳　□谦虚　□激进

语言：□有话直说，一吐为快　□商量的口吻　□命令的口吻

□不发表意见，以免得罪人

2. 请代小萌向上司提出着装礼仪建议，注意措辞得体、表达恰当。

3. 小萌提完建议后，应该如何向姜总表达谦虚的态度？

4. 小萌应该如何结束本次向上司提建议的沟通对话？

知识与技能

一、向上司提建议的策略

1. 提出建议的方式

当上司针对某个问题向你征求建议的时候，你要充分理解问题的内涵，保证提出的建议符合解决问题的需要，切忌跑题或答非所问。

向上司提建议的方式多种多样，具体包括：

（1）以表达谢意的方式提出建议

在给出自己的建议前先说声“谢谢”，向上司表达你的谢意。因为上司让你提建议，说明他尊重你，视你为富有智慧且有能力提供帮助的下属，是对你的肯定。

（2）以“选择题”的方式提出建议

在向上司提建议时，应尽量让上司做“选择题”，避免做“问答题”。保持谦虚的态度，给上司留出选择的空间，不要把话说得太满。同时，也要把每种选择的意义、效果、困难进行分析说明，以便上司进行抉择。

（3）以征询请教的方式提出建议

在向上司提出建议后，要及时询问上司的意见，询问上司你的建议是否有用，或者，如果按照你的建议去行动，会有什么影响。因为这样做不仅仅是表达你对提建议这件事的关心，还表现出你对自己的建议抱有负责任的态度。让上司对你提出的建议及时反馈，不仅能让上司感觉到他是受尊重的，而且还会帮助你改进提升，增强你的自信心。

（4）以上司乐意接受的方式提出建议

不同的上司接受建议和意见的方式也是不同的。有的上司比较果断，喜欢建议直接突出重点；有的上司追求精益求精，喜欢建议有一定的数据分析支持。有的上司喜欢看详细的书面材料；有的上司喜欢让你当面提出口头建议。只有先了解上司喜欢哪种方式的建议，才能投其所好，将自己想要表达的观点信息更好地传递给上司。

此外，在向上司提出建议时，不仅要站在对集体有利的角度，还应该学会换位思考，站在上司的角度考虑问题。由于每个人的立场不同、考虑问题的角度不同，接受的信息都不一样，很多时候你认为好的建议和意见，上司可能认为时机尚未成熟，所以不予采纳。在陈述时要多用中性词语及祈使句，而不要让上司感觉你是将自己的想法强加给他。

2. 提出建议的语言

下属向上司提出建议，是为了履行自己的职责，更好地辅助上司开展工作。上司的地位高于下属，下属不仅要注意建议的合理性，还要注意建议的语言是否恰当。因此，向上司提出建议时必须特别注意措辞和说话的分寸，要尽量委婉、礼貌，可用祈使句。表示请求和建议的祈使句，多以肯定口吻出现，带有商量的口气，如："总经理，关于……我是这样安排的，请您看看合适不合适"。在提一些有关原则性或决策性的建议之前，一定要事先用"不好意思"之类的客气话做铺垫，营造出一种和谐的气氛。不能向上司提出直接批评，避免用命令式的语气说话，应该采用间接询问式语言，如："关于公司公用车使用问题，我是这么看的，不知道对不对……"

3. 提出建议的时机

下属向上司提建议时，要特别注意时机和场合，以使上司用心领会你的建议。你的建议如果涉及敏感话题，最好不要有第三人在场，否则可能会伤害到上司的自尊心。当上司心情较好时，他一般会欣然接受你的建议。如果能根据上司的语意情境，说话上承下转，巧妙地应用说话策略，能很好地触动上司，会使许多悬而未决的问题得到解决。

二、向上司提建议的注意事项

1. 确认事实

在向上司提建议之前，一定要确认自己所说的内容完全符合事实，如果你的建议没有客观依据，就会让上司感觉你是个不靠谱的人。

2. 事先考虑提建议的后果

在提出建议前，应先预测一下提出建议后的结果。如果你觉得上司有可能会一时难以接受甚至会强烈反对，就该考虑一下是不是应该另外寻找时机提出建议，或者是干脆放弃这个建议。

3. 充分考虑建议的实施条件

为上司出谋划策，并不是随随便便地提出一些建议就可以了，必须先对自己提的建议进行充分的考虑，分析事情的客观形势，正确把握事情发展的趋势，仔细斟酌建议的科学性和可行性。确定自己所提出的建议切实可行后，再向上司提出，可以避免上司因为采纳你的建议而做出错误的决定。

4. 建议须符合公司的经营理念和企业文化

一般情况下，上司的决策和计划都是围绕公司的经营理念和企业文化开展执行的。因此，在提出建议前，要把问题的解决方法与公司的经营理念和企业文化结合起来，从实际出发提出符合实际的建议。

巩固训练

小怡中职毕业后成功应聘到盛荣灯饰贸易有限公司，担任该公司陆总的秘书。陆总亲切友善，善于交际，喜欢参与团队工作。该公司将于下周举行年会，打算邀请相关业务客户参加。陆总特意请图美广告公司帮忙设计精美的邀请函。今天上午陆总外出的时候，图美广告公司送来了一批设计精美的邀请函样品，让陆总于明天上午10点前确定好邀请函样式。下午，陆总回办公室后，小怡拿邀请函的样品给陆总看。陆总让小怡做参谋，帮忙确定邀请函的样式；同时，陆总也让小怡对年会的议程安排提出自己的建议。

请根据以上情境，两人一组模拟完成小怡向陆总提出相关建议的工作过程。

职业技能鉴定指导

知识技能复习要点

1. 能掌握向上司提出建议的策略；
2. 能巧妙地向上司提出建议。

模拟训练

一、单项选择题

1. 在向上司提建议时，应尽量让上司做（　）。

A．“填空题”　B．“选择题”　C．“问答题”　D．“判断题”

2. 可用以下哪种口吻的祈使句来向上司提出建议？（　）

A．赞美　B．批评　C．强制　D．商量

3. 在向上司提出建议后，应该（　）。

A．及时询问上司的意见　B．不再过问此事

C．强行让上司接受建议　D．摔门而去

二、多项选择题

1. 在向上司提出建议时，语言要（　　）。

A．委婉　B．礼貌　C．强硬有力　D．故弄玄虚

2. 在向上司提出建议前，要仔细斟酌建议的（　　）。

A．科学性　B．客观性　C．可行性　D．主观性

3. 可以以如下哪种方式向上司提出建议？（　　）

A．以表达谢意的方式　B．以“选择题”的方式

C．以命令的方式　D．以征询请教的方式

三、判断题

1. 尽量在多人在场时向上司提出建议。（　）
2. 提建议时说话可以直接强硬。（　）
3. 提出建议时可以不必理会上司的情绪。（　）
4. 给上司提出建议态度要诚恳。（　）
5. 提出建议后要及时向上司寻求反馈。（　）

四、技能实训题

小曼是粤海钢铁贸易有限公司董事长张云的秘书。张董事长自信果断，勇于冒险，工作中最为关注的就是事情的重点和做事的结果。公司为答谢客户一年来的业务支持，将于下周三在华美酒店举行客户答谢会。张董事长正为答谢会的节目安排惆怅，于是叫来了从小学习舞蹈的小曼，让她对本次答谢会的节目安排提出自己的建议。

请两人一组，模拟小曼向张董事长提出建议的全过程。

子任务 5 巧妙地拒绝上司

训练目标

1. 能根据实际情况正确判断是否该拒绝上司的要求；
2. 树立敢于对上司说“不”的勇气与自信心；
3. 能正确地运用拒绝上司的技巧与方法。

任务情境

中职毕业后的小丽应聘到某家具贸易有限公司担任市场部文员。黄然是市场部经理，也是小丽的直属上司。由于出色的工作表现和踏实认真的工作态度，小丽很快就受到了黄然的赏识，被升为经理秘书。刚接手新工作不久，小丽就遇到了新挑战。近期，公司打算扩大业务规模，进军新市场，要求市场部在两个月内完成对西北地区家具市场的调研工作，现在要立即拟订出市场调研计划书。黄然决定让小丽来起草这份调研计划书。可小丽只熟悉华南和华东地区的市场业务，对西北市场从未了解过，且近期正忙着筹划国庆黄金周的大型促销活动方案。

小丽该如何巧妙地拒绝上司安排的任务？

训练步骤

1. 小丽在听到上司布置给她的工作任务后，应该表现出怎样的反应？请写出小丽应有的态度、口头语言和肢体语言。

态度：

口头语言：

肢体语言：

2. 小丽应该如何陈述拒绝的理由才能让上司欣然接受？请写出小丽表达拒绝的具体语句。

3. 如果小丽的拒绝效果不明显，她还可以怎么做？

4. 当上司接受小丽的拒绝后，小丽应该表现出怎样的态度，采用哪些肢体语言，说些什么话？

态度：

肢体语言：

口头语言：

5. 如果上司没有接受小丽的拒绝，小丽应该如何应对？请从态度、肢体语言和口头语言三方面来陈述。

态度：

肢体语言：

口头语言：

知识与技能

一、认识合理拒绝上司的本质

不懂得拒绝上级、唯命是从的员工并不是最好的员工。拒绝是员工的权利，就像生存是人的权利一样。有所不为才能有所为，这个“不为”就是拒绝。人们常常不敢拒绝，害怕拒绝，认为拒绝是一种迫不得已的防卫，其实拒绝是一种主动的选择。作为一名下属，在工作中要服从上司的安排，但也要有自己的主见，特殊情况中拒绝上司并非一定是坏事，恰当、巧妙的拒绝能有效维护个人的尊严，也有助于提高你在上司心目中的地位。

二、不敢拒绝上司的心理原因

1. 怯弱心理，缺乏自信

为了显示自己的能力，博得上司的好感，而硬着头皮答应一些事情，其后果可能是：

（1）上司会进一步提出更多不合理、过分的要求；

（2）上司会认为你是一个没有个性的人，缺少独立性，很难在工作上做出大成就，还可能因此而影响工作。

2. 唯美心理

过分苛求自己，主观盲目地高估自己，不允许自己拒绝，反而给自己带来过大的心理压力。

3. 自主性太差

缺乏独立自主的精神，一味地迁就与顺从，甚至意识不到每个人都有拒绝的权利，其后果可能是使自己在人际沟通中失去应拥有的权利与尊重。

三、需要考虑拒绝上司要求的情况

一般来说，在下列情况下应考虑拒绝上司的要求：

（1）违背自己做人的原则；

（2）违背自己的价值观念；

（3）有损自己的人格；

（4）被迫进行违法犯罪的活动；

（5）不是自己的工作职责；

（6）影响自己或本部门的绩效；

（7）没时间完成或超出了自己的能力范围的事情；

（8）可能陷入关系网。

四、拒绝上司的技巧

1. 先倾听，再说“不”

在你决定拒绝之前，首先要注意倾听上司的述说，倾听能让上司先有被尊重的感觉。如果你的拒绝是因为工作负荷过重，倾听可以让你清楚地界定对方的要求是不是你分内的工作，是否包含在自己目前重点工作范围内。或许，你仔细听了上司的决定后，会发现协助上司有助于提升自己的工作能力，增加相关经验，这时候在兼顾目前工作的原则下，牺牲一点自己的休闲时间来协助上司，对自己的职业生涯会很有帮助。

倾听的另一个好处是你可以针对上司的情况，建议其如何取得适当的支援。若是你能提出有效的建议或替代方案，上司一样会感激你，甚至在你的指引下找到更适当的支援，反而事半功倍。

2. 以温和明确的态度，坚定地说“不”

当你仔细倾听了上司的要求并认为自己应该拒绝的时候，说“不”的态度必须是温和而明确的。委婉地表达拒绝，比直接说“不”来反驳上司更容易让人接受。这样既可以维护上司的面子，也能让他感觉到你说的很有道理，从而改变原来的主张。在陈述理由的时候，一定要以公司利益为主，表现出你的拒绝是出于工作考虑。拒绝上司时，应尽可能避免使用“不能”“做不到”“能力不足”等显示自己软弱无能的负面字眼。

当上司的要求不合公司或部门规定时，你就要委婉地说出自己的工作权限和工作范围，并暗示他你的工作已经排满爱莫能助，要让他清楚你工作的先后顺序，并暗示他如果帮他这个忙，会耽误自己正在进行的工作，会对公司与自己产生较大的影响。一般来说，上司听你这么说，一定会知难而退，再想其他办法。

3. 另提建议

陈述理由表示拒绝之后应当尽量给上司一些建议，替上司寻求解决之道，这样可以减少拒绝的尴尬与影响。提出建议应尽量用商讨或征询的口吻，如可以使用“您看是不是可以这样”“这样可能会更好些”等表述。

五、拒绝上司的方法

1. 直接拒绝法

直接拒绝，就是把拒绝的意思当场讲明。明确的反对可以避免误解。这种方法主要用于拒绝严重违反原则或直接损害公众利益的要求，以及自己无法承诺的事情。要抛弃虚伪客套，在尊重对方的前提下直截了当地加以拒绝。当然，在运用这种方法时一定要注意言辞诚恳、语气和蔼，避免态度生硬、说话难听。可能的话，还可以向上司表达自己的谢意，感谢其肯委以重任，表示自己对其好意心领神会，借以表明自己通情达理，以获得上司谅解。

示例一：一位上司要给下属介绍对象，下属直截了当拒绝了他："谢谢您总想着我。实在抱歉，这件事让您失望了。我现在还不具备结婚的条件，我想等事业稳定以后，有了一定的经济基础再谈婚事。"

示例二：小雪是一家私营煤矿老总的秘书。该矿的规模虽然很大，但在安全生产方面存在许多隐患。对于这些隐患，老总总是抱着侥幸的心理。这天，老总得到消息，说有关部门要组织安全生产大检查，于是，老总吩咐小雪赶制一些假材料应付检查组。面对这种情况，小雪温和而坚定地拒绝道："老总，这件事事关重大，我们最好实事求是地汇报，对于安全隐患应尽快整改。否则，一旦出事，后果不堪设想。"

2. 婉言拒绝法

婉言拒绝，就是先表现出明显的不好意思，让上司有心理准备，然后用温和委婉的语言表达拒绝的理由，力求得到上司的谅解。这是最常用的拒绝方法，与直接拒绝相比，婉言拒绝更容易被接受，因为它更能顾全上司的尊严。

示例：上司让你做一个项目的前期策划，你觉得自己无法很好地完成上司交代的任务，可以这样委婉地回答他："我的特长是后勤管理，如果您让我做前期策划，我当然十分乐意去学习，只是这样恐怕会占用一定的时间，影响项目的整体运作效率。所以，我还是建议您另派他人，我可以在自己擅长的领域全面配合。"

3. 诱导否定法

通过旁敲侧击，引用其他人的观点或反面的例子来暗示，使上司放弃原来的要求。也可以讲出同类型的、上司熟悉的事例来替代自己的意见，如："某某也遇到过这样的事，他们就是这样处理的，效果很好，我们是不是可以借鉴一下？"用事实说话，避免了直接拒绝上司而造成尴尬。

4. 拖延法

对于上司并非完全无理的要求，可以用拖延的方法加以拒绝。时间上的拖延，可以使对方的请求变得没那么迫切。例如，老总已经吩咐你立即处理一些事情，副总又为你安排了工作，而你没有时间完成这么多工作，那么你可以告诉副总，你手头正在处理的这件事情非常紧急，或者还有更为重要的事情等着你去办，再问清楚副总交给你的任务需要什么时候上交，是否可以等你忙完了手头工作后再帮他做。上司看到你如此繁忙，一般都不会铁石心肠地等到你忙完再要求你帮他做。

巩固训练

1. 小琳是某私营企业的秘书。在外人看来，小琳有着不错的工资收入，公司的福利也相当优越，然而在这光鲜亮丽的外表之下，她也有自己的不如意之处。原来，在这家公司工作，加班是家常便饭，按时下班对小琳来说几乎是奢望。因为工作的原因，小琳少有时间陪孩子，这让她苦恼不已，终于，小琳决定要改变这一状况。这一天临下班还有半个小时，项目经理又来宣布加班的通知。

小琳该如何巧妙地拒绝项目经理的加班要求呢？请尝试运用拒绝的技巧与方法来帮小琳解决加班的烦恼。

2. 刚毕业不久的小霞应聘到某贸易公司担任办公室秘书。上司经常请客户吃饭，吃饭时总喜欢叫小霞作陪。小霞考虑到自己刚进入公司不久，学历不高，资历尚浅，应努力工作，就答应了。刚开始小霞只是负责给客户端茶倒水，添酒夹菜，后来上司开始要求小霞陪客户喝酒唱歌，直到凌晨，小霞才能回到家中。小霞心里很不乐意，但又怕得罪了客户和上司而失去工作。

小霞该怎样拒绝上司的过分要求？

职业技能鉴定指导

▶ 知识技能复习要点

1. 能认清合理拒绝上司的本质；
2. 能根据实际情况判定是否应该拒绝上司的要求；
3. 能针对不同情况正确运用拒绝上司的技巧与方法。

▶ 模拟训练

一、单项选择题

1. 以下拒绝上司的做法中正确的一项是（　）。

A. 为上司出谋划策　　B. 直接告诉上司“我不去”“我干不了”

C. 以强硬拒绝的态度表达自己的立场　　D. 为了表现自己或担心得罪上司而一味地听从

2. 以下拒绝上司的做法中不当的一项是（　）。

A. 尊重上司，注意倾听上司的述说

B. 拒绝上司要给予合理必要的解释，以免造成不必要的误会

C. 注意自己的语气和态度，要有礼貌，不宜粗暴

D. 在表明自己的立场时不宜果断

二、多项选择题

1. 在拒绝上司时，一般要注意的方面有（　　）。

A．多以公司利益为主，从正面的角度陈述自己的拒绝理由

B．要面带微笑，态度庄重，让上司感受到你对他的尊重

C．要把上司的想法变成自己的想法

D．拒绝上司要态度明确

2. 巧妙拒绝上司的基本要点是（　　）。

A．拒绝要怀有真诚的态度

B．以委婉的方式表达自己的立场

C．尽量给出建设性意见，为上司指出解决之道

D．努力改变上司的想法

三、判断题

1. 对上司唯唯诺诺、唯命是从才能赢得上司的赏识和器重，个人才会有发展前途。（　）

2. 对待上司严重违反原则的要求应当断然拒绝。（　）

3. 拒绝上司要求前应当先耐心地听完上司的要求，明确其目的。（　）

4. 在拒绝上司时，拒绝的话不要脱口而出，这样可以显示出你的决定是慎重的，对上司是尊重的。（　）

5. 拒绝上司时态度应当强硬，立场应当明确，避免模棱两可。（　）

四、技能实训题

刚刚中职毕业的小红应聘到某家公司做秘书，因为是在试用期，工作任务也不重，所以老板经常让小红帮忙做一些私事。小红认为帮老板的忙是理所应当的事情，因此总是很爽快就答应了下来。可是，小红逐渐发现自己已经成了老板身边离不开的一个免费“女佣”，她帮忙缴纳水、电、煤气费，帮忙买东西、送东西，有时星期天小红休假了，老板还不停地发信息让她帮忙做这做那。所有这些事情都不属于小红工作的范畴，小红又不能向老板索要加班费，好几次小红都想要拒绝，但不知道如何开口。

1. 假如你是小红，你该怎样委婉地拒绝老板的要求呢？请两人一组，分别扮演老板与小红，模拟小红拒绝老板无理要求的过程。要求：尽量用委婉的语言达到拒绝的目的。

2. 请同伴对你的表演给出评判：你的拒绝理由能让老板接受吗？

☐完全接受　　☐基本接受　　☐勉强接受　　☐不能接受

子任务 6 接受上司的批评

训练目标

1. 能正确认识上司批评的本质；
2. 能明确上司批评的意图，虚心接受上司的批评；
3. 受到上司批评后，能与上司进行有效的沟通，并自行改进。

任务情境

中职毕业的小李应聘到某家具有限公司做销售部经理秘书。4月8日，公司要召开季度销售总结会。4月3日，经理就交代小李修改其发言稿，小李想着还有时间，就一直拖到4月6日才进行修改。这天她一边在前台值班，一边修改发言稿。不巧，此时有一位重要客户拜访，小李只好去招呼客户。正当小李沏茶时，经理打电话来说他刚好有时间要先看看发言稿。小李还有一点儿没有改完，情急之下只好把未改好的发言稿交给经理。到中午的时候，经理对小李大发雷霆，说对发言稿的修改很不满意。

面对经理的批评，小李该怎么做？

训练步骤

1. 当被经理批评时，小李应当做何反应？请从下列选项中选择正确的答案。

□感到委屈，萌生去意

□认为是经理提前要发言稿，经理在为难自己

□找理由解释，说明发言稿是4月8日才要的

□承认自己的工作没做好

2. 面对经理的批评，小李具体如何表达更易让经理接受？请写出小李可以使用的口头语言和肢体语言。

口头语言：

肢体语言：

3. 在被经理批评后，小李可做哪些事进行弥补？

4. 小李应当选择什么场合和时机向经理做出解释？（每项至少选出2个）

场合：□公司饭堂　□无人会议室　□独立的办公室　□公司门口

时机：□经理用餐时　□经理开会时

□经理批阅文件时　　　　□经理单独散步时

□经理与别人交谈时

5. 有什么方法可以避免类似情况发生？

知识与技能

一、认识上司批评的本质

一般来说，批评下属的过错，指责下属的不足，是现代企业领导人的分内之事。上司的批评和指责，往往包含着他们的知识、经验、教训和智慧。没有上司的批评和指责，下属难以提高技能和素质，企业难以提升经济效益。

善于接受批评是高情商的表现，成熟的职场人士应该具有勇于接受批评的心态，并且用一颗感恩之心来面对批评你的上司，把上司看成自己的老师。

事实证明，正确的、严肃的、诚恳的批评，不会使你丧失什么，反而会使你不断进步和成熟起来。从另一个角度看，当上司批评你，等于他把自己的经验和智慧无私、无偿地分享给了你。

二、秘书容易被上司批评的原因

秘书容易被上司批评是由秘书工作的特点决定的。秘书在领导身边工作，承担的事务繁杂，免不了会出现纰漏，而好的上司一般对秘书的工作要求高，因此秘书也就免不了会被上司批评。秘书容易被上司批评的具体原因如下：

1. 需要当机立断马上处理的事情多

秘书工作是顺应领导工作需要而产生的，因而其工作兼有依从性和独立性的特征，很多事情需要秘书当机立断，例如上司正在开会，此时有重要电话找上司，是否马上通知上司接听就要秘书进行判断，做出正确选择。

2. 工作的内容变化快

秘书工作内容非常复杂，变化也很快。上司每天要处理大量的日常工作，与企业内外各方面的联系非常密切，而且新情况随时可能出现。秘书要随时与各方联系协商，及时调整上司的工作日程；调整之后，又必须马上通知有关部门。

3. “一心多用”的时候多

秘书工作繁杂多变，常常必须同时处理好几项工作，这是秘书工作的一大特点。比如，正当秘书在给刚刚出差归来的上司报销旅差费时，上司来电话让秘书赶紧给他送一份资料；刚刚把资料找出来，值班室又来电话说有一位客人找……哪些工作应优先处理，哪些事情可以暂缓，如果秘书分不清它们之间的轻重缓急，则有可能出现“捡了芝麻，丢了西瓜”的后果。

三、接受上司批评的技巧

虽说“良药苦口利于病，忠言逆耳利于行”，但不少人还是很难以积极、乐观的态度接受批评。其实，对于上司的批评，秘书只要掌握了灵活有效的应对方法，批评的压力就会成为工作的动力，工作质量和水平就会得到进一步的提高。

1. 要以谦虚的态度，看待正确的批评

对于上司正确的批评，首先要认真倾听、自我反思；其次要虚心接受，并认真检讨、及时改正，从错误和失败中汲取教训。这样的下属会很快得到上司的谅解和认可，以及同事的赞许。据心理学家观察，当人们看到犯了错误的人痛心疾首、懊悔自责，并且竭尽全力去改正时，大都会产生恻隐之心，减少对其错误的谴责和反感心理，同时还会给予热情的关注和真诚的帮助。因此，受到上司批评后要注意三点：一是态度要诚恳，要用谦虚的态度接受批评，勇敢承担责任；二是认识要深刻，要从内心深处真正认识到自身的不足；三是改进要及时，一旦查明犯错的原因，要迅速改进，并把改进结果及时报告给上司。

2. 要以良好的心理素质，承受尖锐的批评

有些时候，上司在批评下属时，不大注意场合和方法，可能会在大庭广众之下，不留情面地教训下属，往往让下属无地自容。作为下属，是据理力争挽回面子，还是冷静接受批评，往往能够充分地反映出一个人的心理素质和品德修养。日常生活中，有的人就是因为没有恰当地处理好类似情况，而把局面弄得不可收拾，造成不该发生的后果。为此，我们要防止和克服如下两种错误想法。

（1）“破罐子破摔”

有的人受到批评后，就觉得上司对自己有看法，进步无望，一切都完了，从此一蹶不振，把严厉的批评变成了走下坡路的开端。

（2）记恨上司，产生报复心理

受到批评后，有的人感到自己的人格受到莫大侮辱，因此与上司产生了思想隔阂，埋下了怨恨的种子，甚至走上了打击报复的违法犯罪道路，既害了自己，也害了别人。

3. 要以宽广的心胸，对待错误的批评

实际工作中，上司的批评不一定都对，很有可能与事实有出入，甚至还可能“张冠李戴”。上司批评错了怎么办？是应该暴跳如雷当面顶撞，还是心平气和地恰当处理，这能够反映一个人的修养和品德。在对待错误批评的问题上，应该做到以下三点。

（1）换位思考，体谅领导

俗话说：“将心比心，八两换半斤。”世界上没有十全十美的人，因此我们不能要求上司对任何事情都处理得十分恰当，对什么问题都判断得准确无误。

（2）主动沟通，消除误会

与上司主动沟通，主动消除误会。沟通时要注意三点：一要选准时机，千万不要在上司焦躁、烦闷时找其理论；也不可在上司用餐、开会、阅读文件或与别人交谈时硬拉着上司汇报工作。最好在上司手头的工作暂告一个段落且身心轻松时与之沟通。二要注意场合，要避免在公众场合或有第三者在场的情况下找上司理论，因为这样会让上司觉得很尴尬，影响沟通效果。在上司工作间隙到其办公室或乘其散步时与其沟通是较好的选择。三要讲究策略，在向上司做解释时要态度诚恳、表情自然、语气委婉、语调平稳，体现出对上司的尊重。不可怒气冲冲、傲慢无礼，也不可怨气十足、哭哭啼啼，只需讲明事情原委即可，不要硬逼上司表态，否则会适得其反。如果说明解释没有明显效果，那就要耐心等待时间和实践的检验，不能因为一时的委屈就牢骚满腹，与上司闹别扭。

（3）有则改之，无则加勉

哪怕上司的批评有百分之一是正确的，也该认真虚心接受。即便是上司完全批评错了，也权当在耳边敲响了一次警钟，引以为戒，同样有益。“前车之覆，后车之鉴”，聪明人之所以犯错误少，原因就在于其善于总结经验教训。

四、接受上司批评时常用的沟通语言

1. 口头语言

对于上司正确的批评，可以回答：“您说得很对，这确实是我工作的疏忽，以后我一定会多加注意。”对于上司错误的批评，事后沟通时也不要据理力争，可以先退一步，再进一步，可以这样解释：“我承认在这件事情上我有一定的责任，如果我能考虑得更周全一点就可以避免这种情况，但是……”

2. 肢体语言

面部放松，下颌内收，身体略微前倾，眼神关注上司的眼睛或者鼻梁，四肢无交叉、紧缩感。对于上司说的重点，能微微点头，并以“嗯”“啊”等语言予以反馈。要避免哭丧着脸或表情僵硬、拳头紧握等肢体语言。

五、处理上司批评的禁忌

1. 忌过多解释

受到上司的批评时，做过多解释和争辩往往是没有效果的。但上司确有误解怎么办？可找合适的机会解释，且点到为止即可，完全用不着喋喋不休。

2. 忌牢骚满腹

受到上司的批评时，如果你牢骚满腹，这足以使你和上司拉大感情距离。当领导认为你“批评不得”时，也会同时产生一种印象——这个人牢骚很多，用不起。

3. 忌当面顶撞

当面顶撞上司是最不明智的做法，也是最破坏上下级关系的行为。顶撞上司，会让上司下不了台，反过来也会使自己尴尬。如果上司一怒之下严厉批评了你，你还能坦然大度地接受批评、委曲求全，不仅能展现你良好的素养，还给足了上司面子。事后上司可能反而会觉得对不住你，甚至自责，因而会对你另眼相看，更加留意你。

4. 忌满不在乎

上司在提出批评时，也显示了他的权威和尊严。如果你对上司的批评置若罔闻，依然我行我素，那么很容易给上司留下“你的眼里没有领导”的恶劣印象。长此以往，上司在心理上会将你放弃，甚至把你“雪藏”起来，不再委以重任。

六、减少被批评的方法

要减少出错的概率，就必须不断加强自身修养，熟悉业务流程，在日常工作、生活中多加注意，注重与上司沟通，扎实做好各项工作。

1. 要有超前意识

要想在上司前面，当好上司的参谋。写材料、搞调查等工作应争取提前完成。完不成的任务，要提前向上司说明，便于上司提前安排，以免使其陷入被动的境地。

2. 要准确把握任务

在上司交给你一项任务后，你应该问清楚他的要求、具体做法、最后完成的期限等，避免误解上司的意图。

3. 要做有心人

在平时不仅应注意熟悉上司的工作内容、社交范围等各种情况，还要把握上司的喜好、工作规律，关心上司的生活，对上司的饮食、作息时间、身体健康等多加关心、照顾。

巩固训练

小李进入公司后，好学上进，多次受到领导表扬，很快升为办公室主任助理。一天，总经理急着去参加一个洽谈会，可洽谈要用的材料还未拿到手。这时有人说材料是小李整理的，而他正好不在，性急的总经理命人马上找回小李。小李一到，总经理就大声斥责他：“你干什么去了？材料为什么不准备好？怎么做事的？这么没有责任心！”事实是，昨天下午小李就把准备好的资料交给了办公室主任，但主任忘记交给总经理了。

请根据以上情境，帮小李想想他应该如何对待总经理的批评。

职业技能鉴定指导

▶ 知识技能复习要点

1. 能正确对待上司的批评；
2. 能准确把握上司批评的意图；
3. 受到上司批评后，能与上司进行有效的沟通，并自行改进。

▶ 模拟训练

一、单项选择题

1. 秘书容易被上司批评是因为（　）。

A．上司故意刁难　　B．秘书是“受气包”

C．秘书承担的事务繁杂　　D．上司对秘书更加严苛

2. 对待上司给予的正确批评，下面做法错误的是（　）。

A．谦虚接受　　B．认错态度诚恳

C．及时改进　　D．做过多解释

3. 对待上司给予的不正确批评，下面做法错误的是（　）。

A．换位思考，体谅领导　　B．主动沟通，消除误会

C．据理力争　　D．有则改之，无则加勉

二、多项选择题

1. 处理上司批评的禁忌包括（　　）。

A．忌过多解释　　B．忌牢骚满腹

C．忌当面顶撞　　D．忌满不在乎

2. 下面哪些做法能减少被上司批评的概率？（　　）

A．要有超前意识　　B．要准确把握任务

C．做有心人　　D．少做工作

3. 当你受到上司不正确的批评时，可以与上司进行事后沟通，沟通正确时机有（　　）。

A．上司用餐时间　　B．上司正在处理业务时

C．上司工作暂告一个段落时　　D．上司身心轻松时

4. 受到上司的批评后，与上司进行沟通要注意（　　）。

A．表情自然　　B．语调平稳

C．语气委婉　　D．据理力争

三、判断题

1. 秘书工作的内容变化快。（　）
2. 受到上司不公正的批评时，应马上进行解释。（　）
3. 上司批评下属的目的多是让下属把工作做好，所以下属要谦虚地接受批评。（　）
4. 作为秘书人员，要关心上司的生活，要做到无微不至，与上司亲密无间。（　）
5. 上司正在办公室和别人聊天，此时不宜就自己受到的错误批评与上司进行解释沟通。（　）

四、技能实训题

一天上午，公司正在召开董事会，小李接到一个电话，是公司一位很重要的客户打来的，对方要求找总经理接电话。小李很为难，因为公司有规定，在开董事会的时候，原则上任何人不得接电话，考虑到可能有什么重要事情，小李向会议室的总经理示意有电话找，但此时总经理正在做任务安排，便摆摆手表示不接，小李只好说总经理开会便挂了电话。下午，总经理把小李叫到了办公室，指责他说："客户那么重要的电话你怎么不让我接？你知道吗，一笔1000万元的大生意就这样白白溜走了！你是怎么做事的？太让我失望了！"

请两人一组，分别扮演小李和总经理，运用所学技巧对以上批评进行有效沟通。

任务评价

任务学习评价表

评价项目	评价关键点	配分	自评分	互评分	教师评分
沟通态度	能尊重上司，维护上司的尊严	10			
	能认真聆听上司的批评，态度诚恳、谦逊	10			
	能主动沟通，积极配合	10			
口头语言	语气平和而委婉	10			
	语音语调适宜，能恰当表情达意	10			
	语言表达流畅、简洁	10			
	用词恰当得体、符合身份	10			
肢体语言	面部表情自然，举止大方得体	10			
	行为动作符合礼仪规范	10			
沟通场合和时机	能选择恰当的场合和时机与上司沟通	10			
合　计		100			

任务三　与同事沟通

子任务1　同部门同事沟通

训练目标

1. 能真诚地对待同部门同事；
2. 能巧妙地赞美同部门同事；
3. 能向不同性格类型的同部门同事请求帮助。

训练目标

中职毕业的小欣任职于杰米物流贸易有限公司，担任总经理办公室秘书。这天有位客户来到公司洽谈业务，需要小欣给客户准备茶水。刚好小欣正在起草一份紧急的文件，于是她找来办公室文员霞姐帮忙。霞姐是公司的老员工，爱漂亮，喜欢打扮。

假如你是小欣，应该如何与霞姐沟通才能获得她的帮助？

任务情境

1. 小欣请求霞姐帮忙时态度应当怎样？

2. 小欣应该如何赞美霞姐？请写出小欣赞美霞姐可以使用的口头语言和肢体语言。

口头语言：

肢体语言：

3. 小欣向霞姐请求帮助时应该如何表达？请写出小欣应使用的具体语句及语气语调，并模拟表演。

具体语句：

语气语调：

4. 当霞姐帮助小欣后，小欣还要做什么？

知识与技能

一、横向沟通

1. 横向沟通概述

横向沟通指的是流动于组织机构中具有相对等同职权地位者之间的沟通。同部门同事沟通即属于横向沟通。由于横向沟通大多是发生在工作的交流上，交流的效率更高，因此，它对于加强公司凝聚力有很大的帮助。横向沟通可以采取正式沟通的形式，也可以采取非正式沟通的形式。通常是以后一种方式居多，尤其是在正式的或事先拟订的信息沟通计划难以实现时，非正式沟通往往是一种极为有效的补救方式。

2. 横向沟通的优点

（1）可以使办事程序简化，从而节省时间，提高工作效率。

（2）可以使企业各个部门之间相互了解，有助于培养整体观念和合作精神，克服本位主义倾向。

（3）可以促进员工之间的互谅互让，培养员工之间的友谊，满足员工的社会需要，提高员工的工作兴趣，改善员工的工作态度。

3. 横向沟通的缺点

横向沟通也存在一些缺点，比如沟通头绪过多、信息量大、易造成混乱等。此外，个体之间的横向沟通也可能成为员工发牢骚、传播小道消息的一条途径，造成士气涣散的消极影响。

4. 横向沟通的原则

横向沟通应该注意以下几个原则：

（1）沟通前先做好准备；

（2）要了解其他部门的沟通方式；

（3）要开诚布公，诚信沟通，但这并不表示无话不说，了解对方的所有事情；

（4）呈现事实，专注于中心议题；

（5）创造共同目标，通力合作，多补台不拆台；

（6）尊重沟通对象的权利，要注意彼此位阶的对等关系（尤其是涉及跨部门沟通时），以免造成不必要的误会。

二、真诚地对待同事

1. 尊重同事

在人际交往中你待人的态度也决定了别人对待你的态度。首先，要尊重同事的人格，不说伤害同事的话语，不泄露同事的秘密，不对同事品头论足，不搬弄是非；其次，要尊重同事的工作性质和劳动成果，当同事在工作上做出成绩时你应当给予充分的肯定和赞扬，当同事工作不顺心的时候你应该给予同情和关心。

在日常工作中，和同事相处时要有海纳百川的胸怀，切忌狂妄自大、自恃过高。遇事多虚心请教，同事之间应该经常使用“请”“谢谢”等文明用语。开玩笑时要注意对象和场合，不要讲粗言秽语和低级庸俗的笑话。和同事说话时要避免涉及同事的隐私或短处，更不能讽刺和挖苦同事。

2. 真诚相待

要以诚待人，以谦虚平等的态度对待同事。当同事在工作上有困难时，你应该尽心尽力给予帮助，而不是冷眼旁观，甚至落井下石；当同事征求你的意见的时候，你要真心实意地给出意见，而不是给出虚情假意的称赞；当同事无意中冒犯你，又没有跟你说声“对不起”的时候，你要真心诚意原谅他。如果发现自己说错话，触及同事的底限，那就要主动坦诚地向对方道歉，获得对方的谅解。

3. “三思而后言”

说出观点、评价同事时尤其要注意“三思而后言”。当同事提出不同意见时，要尊重对方，认真倾听，不随意打断，不急于反驳，在清楚了解对方观点及理由的前提下，应语气平和地陈述自己的观点，并说清自己的理由。

4. 学会感谢

心存感激是一种积极的生活态度，也是一种正确的工作态度。同事给予帮助，要学会表达感谢，哪怕是一件微不足道的小事，也不要忘记说声“谢谢”。

三、巧妙地赞美同事

1. 赞美态度要真诚

真诚是人际沟通中最重要的品质，真诚的赞美能使人如沐春风、心情愉悦，更能使你与同事的关系融洽和谐。在赞美同事时，必须确认同事的确有此优点，并且要有充分的理由去赞美他。

2. 赞美要分场合

假如是公开赞美同事，最好是赞美其能被大家普遍认同的优点或成就。假如你的赞美不客观，不能得到大家普遍的认同，会使你的赞美显得虚假，当事人也会有不适感。即使是在非正式的场合，你发现同事的优点也要及时赞美，表达你对他的欣赏。

3. 赞美内容要具体

赞美用语除了“你很棒”“真不错”以外，最好还要加上具体的内容评价，例如：“霞姐，这套衣服配您的肤色正合适，更符合您的气质。”在与同事相处的过程中，要善于发现同事微小的长处，赞美内容越具体，对方越能感受到你的真诚。如果你只是含糊其辞地赞美对方，说“你工作得非常出色”“你是一个好同事”等空泛的话语，别人会认为你不够真诚。

4. 赞美时机要恰当

赞美别人也要掌握时机，错过了机会，就像是马后炮一样，会让人反感。在生活中，我们往往会因为顾虑太多，或是碍于面子，赞美的话明明就在嘴边，却没有说出口，给自己造成了遗憾。

四、与不同性格类型的同事沟通的技巧

人的性格大致可以分为四种类型：活泼型、力量型、完美型、和平型。活泼型的人喜欢说，力量型的人喜欢做，完美型的人喜欢想，和平型的人喜欢看。力量型、完美型的人重在做事，活泼型、和平型的人重在做人。力量型要做就做，完美型做就做好，活泼型要做主角，和平型只做配角。不同性格类型的人，有不同的行为表现，与其沟通时策略也应有所不同。

1. 与活泼型同事沟通的技巧

（1）活泼型同事的性格特征

① 非常健谈，讲话时姿态夸张、手舞足蹈。

② 活泼开朗，懂得寻找乐趣，乐观且积极向上。

③ 注重外表，讲究个性化，希望引人注目。

④ 思维活跃，想象力丰富，创造性强，但由于思维跳跃太快，也可能导致耐性不足，缺乏持久力。

⑤ 好奇，喜欢新鲜刺激。

⑥ 喜欢被赞美，希望被别人认可，希望成为众人瞩目的焦点。

⑦ 善于制造气氛，调动众人情绪，加上天生的表演才能，容易成为人们的关注点。

（2）与活泼型同事沟通的策略

① 沟通要充满热情。在和活泼型同事沟通的时候，声音一定要洪亮，同时还要有一些动作和手势，这样才能引起他们足够的注意。而且，在他们讲话时，要给予积极配合，眼睛一定要看着他们的动作，否则，会让他们感到失望。

② 活泼型同事不注重细节，他们甚至说完就忘，因此在与其取得一致意见后要及时地予以确认，如果能形成书面文件会更好，可以提醒他们。

③ 经常夸奖他们。活泼型的同事希望成为众人瞩目的焦点，如果你把注意力放在他们身上，多赞美他们，他们会非常开心。

④ 倾听他们伟大的梦想和计划，而不必马上点出其中不切实际的地方，他们的诉说是他们分享愿望和喜悦的方式。

⑤ 不要轻易批评他们。即使万不得已要批评，也要注意批评的方法，不可打击他们的热情。

2. 与力量型同事沟通的技巧

（1）力量型同事的性格特征

① 处理问题很果断。

② 意志坚定，富于冒险精神。

③ 有较强的承受力，他们具有非凡的意志，在痛苦和困难面前从不低头。

④ 以目标为导向，努力工作，有不达目标誓不罢休的决心。

⑤ 与人交往时坦诚实在，说话也直率，因此易因说话过于直率而伤害人。

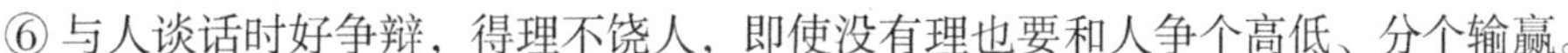

⑥ 与人谈话时好争辩，得理不饶人，即使没有理也要和人争个高低、分个输赢。

（2）与力量型同事沟通的策略

① 力量型同事非常强调效率，所以要在最短的时间里给他们一个非常明确的答案，而不是模棱两可的回答。你与之沟通时说话声音要洪亮，要充满信心，语速一定要快。如果你说话声音小，缺乏信心，就会使他们产生怀疑。

② 在和力量型同事沟通时，不要有太多的寒暄，直接说出你的来意或者目的，并且最终要落到一个结果上。因此，在和力量型同事谈话时不要流露太多感情，要从结果的角度沟通，而不是从感情的角度沟通。

③ 在和力量型同事沟通的过程中，与之要有热烈的目光接触。力量型的同事对自己信心十足，也喜欢和他们一样有足够信心的人。因此，一定要和他们有目光的接触，不要怕对视。

④ 力量型同事头脑中只有一件事，那就是：“听我的没错！”因此，为了满足他们的这种要求，可以让他们充分表达。如果你听出任何你不满意或不认同的东西，一定要及时发表意见，如果你没有反应，他们就会认为你会听他们的。

⑤ 力量型同事喜欢指手画脚，爱干涉别人。如果你不喜欢让他们干涉的话，最好一开始就跟他们划清责任范围和权力范围，也就是说，明确哪些事情归你负责、你说了算。

3. 与完美型同事沟通的技巧

（1）完美型同事的性格特征

① 目标明确，做事时考虑周到、细心、严谨，偏重分析，容易给人留下苛刻的印象。

② 富有天赋，创造力强。

③ 注重条理，遵守秩序。

④ 对细节特别留意，这也导致他们敏感、多疑。

⑤ 喜欢干净整洁、井井有条。

⑥ 事事追求完美，宁缺毋滥，因此在交友问题上格外谨慎。

（2）与完美型同事沟通的策略

① 态度要认真、严肃。你的表达必须讲究理性、合乎逻辑，并且要以非常严肃的态度和他们沟通，才能获得他们的认同。必要时，可以多列举一些具体的数据，多做计划、使用图表。

② 用具体的事实夸奖他们。他们追求完美，对自己要求严格，往往会觉得自己不够好。因此，跟完美型同事沟通时，你要找一个具体的事例来夸奖他们，而且要一而再、再而三地提到这个优点，他才不会认为是客套话。

③ 注重细节。完美型同事对细节会很在意，与之沟通时就要特别注意语言动作和沟通内容的细节等。

④ 说话要真诚而直截了当，因为他们十分敏感，判断力很强，如果你拐弯抹角，只会令他们不屑与厌恶。

⑤ 记录要点。沟通时，可一边说一边拿纸和笔做简要的记录，以同样认真的态度打动他们，和他们拉近距离。

⑥ 完美型同事强调安全，因此要尊重他们的个人空间。沟通时，避免有太多眼神交流和身体接触，你的身体不要前倾，应该略微后仰。

⑦ 完美型同事注重对时间的规划，因此你要尊重他们对时间的安排，事先与他们约定时间，而且要遵守时间，不可延误。

4. 与和平型同事沟通的技巧

（1）和平型同事的性格特征

① 性情平和，与世无争，言谈举止都较缓慢，动作幅度也较小。

② 谦让随和，不爱与人争辩，还特别能忍，很难激怒他。

③ 善于聆听，喜欢安静，不喜欢表现和张扬，更不喜欢引起别人的注意。

④ 人际关系良好，在领导面前很少发表自己的主见，安分守己，唯命是从，没有野心，还很善于做群众调解工作，缓和纷争，化解矛盾。

⑤ 富有同情心，会尽自己最大的力量去关心别人，帮助别人。

⑥ 对待生活缺少应有的热情，办事拖拉，积极进取、改革创新的愿望不强。

⑦ 处理问题优柔寡断，瞻前顾后，难下决心。

（2）与和平型同事沟通的策略

① 和平型同事看重的是双方良好的关系，而不看重结果。在和他们沟通的时候，首先要营造一个良好的氛围，利用情感和对方建立关系。

② 如果你想真正了解他们的想法，不应过于急切，要给他们一点空间和时间来回答。

③ 要适时地赞美他们、认同他们，给他们以鼓励，这样能够使其积极主动，更加配合你。

④ 说话要慢，注意抑扬顿挫，不要给他们压力，要多征求他们的意见。你会发现，他们可能会说出很多非常好的建议，而如果你不问，他们基本上不会主动去说。

⑤ 同他们要有频繁的目光接触，每次接触的时间不宜长，但是频率要高。

⑥ 尊重他们、重视他们。与之沟通时，他们越没意见，越要问他们，告诉他们你特别在意他们的意见和想法，他们就会积极主动地给予配合。

巩固训练

小玲是联盟电子科技有限公司李总的秘书。这天，李总在开公司部门经理会议的 5 分钟前，吩咐小玲立刻到邮局将合同书寄给大连兴谊电子科技有限公司。由于小玲正准备开会用的资料，暂时不能去邮局，于是小玲找到了办公室文员王姐帮忙。王姐是一位体型偏胖的中年女性，有丰富的工作经验，做事注重是非对错，平时喜欢种植花草。

请根据以上情境，两人一组模拟完成小玲请王姐帮忙的过程。

职业技能鉴定指导

▶ 知识技能复习要点

1. 学会真诚地对待同事；
2. 能掌握赞美同事的技巧；
3. 能掌握与不同性格类型的同事沟通的策略。

▶ 模拟训练

一、单项选择题

1. 赞美时态度要（　）。

A. 虚伪　　B. 真诚　　C. 恭维　　D. 夸张

2. 小丽穿着一件新款旗袍，以下对小丽赞美得当的是（　）。

A. “哎呀，什么审美观呀！”　　B. “你胖乎乎的，怎么能穿旗袍？”

C. “小丽，你今天穿得好淑女！”　　D. “瞧你这臃肿的身材，穿旗袍难看极了！”

3. 与力量型同事沟通时，做法正确的是（　）。

A. 说话要慢，注意抑扬顿挫

B. 用具体的事实夸奖他们并要反复强调

C. 不要有太多的寒暄，直接说出你的来意或者目的

D. 声音一定要洪亮，同时还要有一些动作和手势以引起他们的重视

4. 关于横向沟通的原则的说法不正确的一项是（　）。

A. 跟同事交往时，要亲密无间，了解对方的所有事情

B．以大局为重，多补台不拆台

C．沟通前先做好准备

D．呈现事实，专注于中心议题

二、多项选择题

1. 与同事相处需要做到（　　）。

A．尊重对方　　B．搬弄是非　　C．真诚相待　　D．落井下石

2. 当同事提出不同意见时要（　　）。

A．尊重对方　　B．认真倾听　　C．立即打断　　D．强硬反驳

3. 赞美同事时应当（　　）。

A．态度真诚　　B．内容具体　　C．注意场合　　D．及时表达

4. 与完美型同事沟通的策略有（　　）。

A．表达应讲究理性，合乎逻辑，并且要以非常严肃的态度和他们沟通

B．同他们要有频繁的目光接触

C．说话要真诚而直截了当

D．沟通时要做记录，以同样认真的态度打动他们

三、判断题

1. 同事之间沟通可以经常互相揭短。（　）

2. 赞美同事不一定出自真心。（　）

3. 有较强的承受力是活泼型同事的性格。（　）

4. 与和平型同事沟通时，如果你想真正了解他们的想法，不应过于急切，需要给他们一点空间和时间来回答。（　）

5. 活泼型同事不注重细节，他们甚至说完就忘，因此在与其取得一致意见后要及时地予以确认，如果能形成书面文件会更好，可以提醒他们。（　）

四、技能实训

小红是龙腾家具有限公司黄总的秘书。一天，小红正在忙着准备黄总外出洽谈业务的相关资料，忽然接到了湖南一位经销商打来的电话，要求她赶紧把有关产品的图样和报价用传真发过去。小红看到办公室的小欣此时有空，就想请小欣帮忙给湖南经销商发传真。小欣刚从学校毕业，进入公司不久，工作经验虽然不足，但做事很热情，人也很活泼开朗。

请两人一组，模拟小红向小欣请求帮忙发传真的沟通过程。

子任务 2 跨部门同事沟通

训练目标

1. 能解决跨部门同事沟通的困难；
2. 能接受外部门同事不同的沟通方式；
3. 能运用不同的沟通技巧与外部门同事沟通。

任务情境

小梁是A服装有限公司销售中心秘书。近期，销售中心正在筹备一场大型的服装T台秀，以全面提升公司的品牌形象。在准备走秀的服装时，销售中心发现有8个款式、共计32套衣服在公司的仓库中没有现货。因为这8个款式是当季卖得最为火爆的款式，所以不能使用展厅的服装，只有马上联系产品供应中心安排工厂补货。销售总监吩咐小梁去跟进此事。以往负责安排工厂补货这一工作的是产品供应中心的经理助理小徐，据同事反映，小徐是一个性格强势的人，说话态度比较生硬。

眼看服装T台秀活动举行在即，小梁应该如何与小徐沟通才能确保工作顺利进行？

训练步骤

1. 小梁与小徐沟通时，态度应当怎样？

2. 小梁在同小徐沟通时使用什么样的肢体语言比较合适？

3. 小梁应该怎样表述才能让小徐迅速开展工作？请写出具体的沟通语句。

具体沟通语句：

4. 如果小徐说出“时间短，难以完成任务”这样的推脱之辞时，小梁应怎样反对？请说明小梁应采用的应对态度和应对语言。

应对态度：

应对语言：

5. 小徐答应帮助小梁后，小梁可以说些什么？

知识与技能

一、跨部门同事沟通的困难及解决办法

1. 相互推诿

企业内部门与部门之间的沟通属于横向沟通，同事之间是平级关系，沟通时大多是基于工作上的求助，因此相互推诿的情况很多。同时，由于部分企业管理水平未能及时跟上企业发展的需要，导致部门之间职责划分不清，出现职责空白地带，有推诿扯皮现象在所难免。

解决办法：企业进一步明确不同部门的岗位职责，制定准确的工作流程、工作定额，以及公正的考核方案。

2. 工作分歧

工作中，不同部门同事意见不一致是常有的事情。很多分歧缘于沟通双方有性格差异、知识水平差异、表达能力和方式差异及双方信息不对称等因素。冲突往往带来压力与不悦情绪，不同的心态和处理方式带来的沟通结果大相径庭。如何职业化地解决工作上的不同意见和分歧，避免发生争执和内耗，是对企业管理的巨大挑战。

解决办法：从客观上看，当同事之间谁也不服谁时，若是过分争论，就非常容易激化矛盾而不利于整体团结；如果一味“以和为贵”、涉及原则问题也不坚持、不争论，就会走向另一个极端，也同样会不利于企业的发展。因此，面对问题，尤其是存在较大分歧时要努力寻找共同点，争取求大同存小异。即使确实不能求得一致时，也不妨冷处理，使矛盾逐渐缓和，同时又保持了自己的立场和态度。

3. 隐形攻击

很多人际关系是失衡的，一方明显处于强势，一方明显处于弱势。尤其在严重失衡的关系中，弱势一方不敢表达愤怒，更不敢还击。然而，任何人一旦被攻击，一定会感到愤怒，并想还击。当弱势一方不能直接表达愤怒时，就会形成独特的还击方式。例如：很简单的事情，他们做砸了；很容易兑现的承诺，他们却不守信……总之，他们常犯一些莫名其妙的错误，令强势一方暴跳如雷。这种心理机制被称为被动攻击，常被比喻为“隐形攻击”。跨部门同事沟通中隐形攻击的案例如下。

案例：同事 A 对确实不想干、又无力推脱的事，有意消极怠工或干得很差，还回避责任，声明自己已经尽力了，或强调别的客观原因。

解决办法：愤怒作为一种基本情绪，是调解关系远近的重要武器。人被攻击后就会产生愤怒，有愤怒，就要想办法表达出来。但是应该通过合理合法的途径表达情绪，切莫恶语相向，进行人身攻击。

4. 存在“部门墙”

部门墙是指企业内部阻碍各部门、员工之间信息传递、工作交流的一种无形的“墙”。每个企业都存在“部门墙”，大企业尤其严重。在企业中各部门形成了一个个独立系统，画地为牢。将部门利益置于企业利益之上，会导致各部门员工之间的交流和沟通变得越来越困难，员工之间缺乏相互理解。

解决办法：推进企业组织变革、流程重组等。保证部门之间员工的顺畅沟通是打破“部门墙”的关键，提升员工沟通技能是打破“部门墙”的有效方法。

二、跨部门同事沟通的三种方式

跨部门同事沟通包括退缩式、侵略式和积极式三种。

1. 退缩式

退缩式表现为不敢明确表达自己的需要、愿望、看法、感受与信念，显得心虚、压抑、愧疚，不能唤起别人的重视，难以维护自己的权益。其特点是：担心拒绝沟通对象的请求而招致对方不快，所以没完没了地抱歉，尽量采取低姿态，避免引起别人的注目；说话拐弯抹角、过多地自我设限，自己设定服从义务，易造成沟通中的地位不平等。

2. 侵略式

侵略式表现为爱强词夺理，常把自己的意志强行加给他人。这种沟通方式的特点是：沟通用语强硬，自以为能力高人一等，以一种盛气凌人的态度对待对方；忽略甚至否定他人的需要、愿望、意见、感受和信念的合理性。

3. 积极式

积极式是在不侵害其他部门和个人利益的前提下，敢于维护本部门和自己的权利，用直接、真诚的态度，来表达自己的需要、愿望、看法、感受和信念的一种沟通方式。这种沟通方式是我们在进行跨部门沟通时应该选择的方式。其特点是：强调真诚待人，以大局为重；敢于坚持原则，捍卫自己最重要的权利，强调必须按照职权范围和公司规定行事；认为沟通双方有共同目的——把工作做好，并坚信有双赢的解决办法；强调任何个人都是值得尊重的，不把自己的意见强加于沟通对象，承认人人都有表达不同意见的权利；说话要简明扼要，绝不含糊其辞，应表现出自己的开朗、直率和真诚，使对方能准确抓住要点，明白自己的态度和立场，能直截了当地提出自己不理解的问题并让对方给予进一步说明。

三、跨部门同事沟通的技巧

1. 营造良好的沟通开场氛围

在与跨部门同事沟通前可以先聊一些能融洽关系的题外话，为沟通营造出良好的开场氛围。但是闲聊的话题一定要选得恰当，以拉近双方的心理距离，为后面的沟通做好铺垫，如："老李，我发现近期你好像都没休息过，我加班的时候总是能碰到你。"这句话既表达出自己工作的压力，也关心了对方，增进了双方的感情。除了通过闲聊拉近沟通距离外，还应当注意通过一些小细节营造出温馨而和谐的沟通氛围。两个人聊天的时候，一个人高高在上，坐着椅子，另一个人站在一边，这种感觉就不是很好，可适当地借用一些道具，如帮同事倒茶、倒水、带点小吃等，为沟通奠定良好的感情基础。

2. 以真诚接纳的态度倾听

当与外部门同事沟通时，一定要设身处地地为其着想，以真诚接纳的态度来倾听，要彻底清楚对方的意思，体会对方的感受。撇开自己的主观意识与感受，站在对方的角度想问题，这样可以更好地理解对方的想法，赢得对方的好感，从而找到解决工作问题的方法。真诚接纳的倾听是向对方表达热情与激发对方创造力的最佳方式。

3. 表达要突出重点

与外部门同事沟通时一定要言简意赅、突出重点，而不要长篇大论、词不达意。同时要注意语气和声调的运用，以强调重点；也可选择一些形象生动的词语引起对方的重视与注意。

4. 善用否定技巧

否定的词汇、语气及带有否定意义的反问句容易使对方产生反感对立情绪，从而破坏沟通气氛。要否定对方观点时，可以尽量使用肯定语气，如将"不能"改成"应该"，将"你的说法不对"改成"我认为……"，尽量使对方与你的立场一致，这样沟通才能顺畅有效。

5. 控制好自己的情绪

跨部门沟通最容易犯的错误就是不给对方面子，就算你站在真理一边，也应该心平气和地沟通。

巩固训练

公司采购部有位同事小李，名牌大学毕业，很有辩才。每次部门开会，如果上司问他的意见，他都很有想法，侃侃而谈。如有同事提出不同意见，他常常把对方讲到哑口无言。大家都不太喜欢他。因此需要协调事情的时候，其他部门的同事很少愿意配合他；即便遇到问题，同部门的同事也不太愿意陪他一起冲锋陷阵。

如果你是销售部秘书小王，现在有一个工作任务需要你同小李协商，你该如何与他沟通？请根据以上情境，两人一组模拟小王与小李沟通的过程。

职业技能鉴定指导

▶ 知识技能复习要点

1. 能解决跨部门沟通的困难；
2. 能接受跨部门同事不同的沟通方式；
3. 能运用不同的沟通技巧与跨部门同事沟通。

▶ 模拟训练

一、单项选择题

1. 以下哪种倾听方式最能让对方对你产生信任感？（　）

A．假装在听　　B．有选择地听

C．听而不闻　　D．以真诚接纳的态度倾听

2. 工作中，不同部门同事会有意见分歧的原因不包括（　）

A．性格差异　　B．知识水平差异

C．人品差异　　D．表达方式差异

3. 不属于营造良好的沟通氛围技巧的是（　）。

A．聊融洽的题外话　　B．赞美

C．保持距离　　D．做冗长的解释

二、多项多选题

1. 跨部门同事沟通的困难一般有（　　）。

A．互相推诿　　B．工作分歧　　C．隐形攻击　　D．存在“部门墙”

2. 跨部门同事沟通的方式有（　　）。

A．退缩式　　B．强词夺理式　　C．侵略式　　D．积极式

3. 以下能体现友好合作态度的肢体语言是（　　）。

A．两臂交叉　　B．微笑　　C．不看对方　　D．身体微向前倾

三、判断题

1. 跨部门同事之间沟通有相互推诿的现象是正常的。（　）
2. 工作分歧可能是因为性格差异产生的。（　）
3. 隐形攻击是员工愤怒的一种表现。（　）
4. 积极的沟通方式才是与外部门同事之间沟通的最佳方式。（　）

四、技能实训题

小娟是广州某服装公司的跟单文员。一天，她接到一张数量很大的客户订单，客户对产品的款式要求比较严格，小娟不能确定公司的生产车间能否对这一产品样式进行大批生产。于是她拿着订单的详细资料找到了生产部技术科的老王进行确认。

请两人一组，模拟出小娟向老王进行技术咨询的沟通全过程。

任务评价

任务学习评价表

评价项目	评价关键点	配分	自评分	互评分	教师评分
沟通类型	能准确判断同事的性格类型并采取相应的沟通策略	10			
沟通态度	态度自信、热情、真诚、友善	10			
	以接纳的心态倾听	10			
	能换位思考，尊重理解对方	10			
口头语言	语音语调恰当	10			
	表达清晰、简洁、流畅	10			
	能巧妙地运用赞美技巧	10			
	能注意否定技巧的运用	10			
肢体语言	眼神交流恰当	10			
	体态、手势与动作配合得当	10			
合　计		100			

任务四　与下属沟通

子任务1　传达布置工作任务

训练目标

1. 能准确传达工作任务；
2. 能有效布置工作任务。

任务情境

东苑贸易有限公司市场部将举办新老客户年终答谢会，市场部王主任将活动现场的布置任务交给了副主任刘泳，要求刘泳在星期五之前完成会场布置任务，会场要布置得正式、温馨。刘泳接到任务后，考虑到活动的主题和形式，就将市场部的全体工作人员分成了三个小组，分别布置接待区、舞台区和客户区。

刘泳应该如何向各区的工作人员传达任务才能使他们明确布置要求，高效地完成工作？

训练步骤

1. 刘泳向各区工作人员下达任务时需要明确说明哪些事项？

2. 刘泳向各区工作人员下达任务时应当保持什么样的态度，用什么样的语气，说什么话？

态度和语气：

口头语言：

3. 当工作人员对自己的工作提出质疑与建议时，刘泳应该怎么做？请写出小刘应对时应说的话。

4. 下达任务后，刘泳还需要做些什么来保证工作布置到位？

知识与技能

一、传达布置工作任务的要点

与下属沟通，属于下行沟通。向下属传达指示、布置工作任务时，不要经常变更指示，要言简意赅，条理清楚，具体明确，按照“5W2H”的原则在（“5W1H”基础上加上 How much，即分析问题时要考虑解决问题的成本），将指示变成容易接受和理解的信息。这样传达指示、布置安排工作，指令清晰，任务明确具体，利于下属接受，从而能减小沟通误解发生的概率，避免造成工作损失。

二、使下属积极接受任务的技巧

1. 态度谦和，用语礼貌

作为领导，与下属沟通的时候可能会忘记使用礼貌用语，或者有些领导因职位权力而产生优越感，一贯采取命令式口吻，如“小张，进来一下！”“小李，把文件复印一下！”“你怎么可以这样做？我说过多少次了，可你总是记不住！现在把你手中的活儿停下来，马上给我重做！”这样的用语会让下属有一种被呼来喝去的感觉，没有给下属基本的尊重。因此，领导要态度和蔼，用词礼貌，使下属认为他自己很重要，从而希望与你合作，听从你的指派。如“小张，请你进来一下！”“小李，麻烦你把文件送复印一下”。

2. 让下属明白工作的重要性

为了使下属充满动力，作为领导，应当告知下属其工作的意义和目的，赋予其使命感，让下属了解他们做出的贡献。所以，领导给下属分配具体任务时，要将工作任务的重要性充分告知下属，以激发下属的成就感。

“小刘，这次客户答谢会是否能成功，将影响我们公司的形象，影响下一步业务拓展，对公司来说至关重要。希望你能竭尽全力争取成功。”——这样说会让下属觉得这样重要的工作交给了自己，一定要办妥才不辜负领导的信任。

“这项任务拜托你了！希望你能圆满地完成任务！”“这太让人头疼了，真不知道该如何解决，你有没有好点子？”——类似这些话可以激发下属的激情和创造性，使其想方设法解决问题。

3. 让下属复述任务，让下属的印象更深刻

给下属下达指令后，千万不要说完就走，最好能让下属复述一遍自己布置的任务。复述是一个思考和陈述的过程，可以让下属发现自己遗漏的细节，以及理解错误的地方，并向你请教。领导在这个过程中，也可以检验下属是否深刻领会任务的要求，通过确认，使下属的执行结果朝着你期望的方向发展。

可以通过向下属提问的方式来确认其是否理解、记住你布置的任务。怎样提问才最有效呢？经典的“5W1H”原则在这里同样适用。当然，提问的方式是灵活的，不仅仅局限于“何事”“何因”“怎样做”等因素，你可以基于自认为比较重要的因素灵活地组织提问语言，如“你知道为什么要记住 × × 吗？”“请你帮我看看，我遗漏了什么没有？”等。

4. 与下属共同探讨，让下属提出疑问

作为领导你给下属分配任务后，需要向下属提出问题，可以询问下属：“这件事情你准备怎么办？”，下属会将思路和难点说出来；如果你只是询问“还有没有问题？”，下属会因为担心被领导认为事多而不敢提问。所以，与下属沟通时需要采用灵活的方式，可询问下属有什么问题及意见，如：“小王，关于这个方案，你有什么意见和建议吗？”你可采纳下属好的意见，并称赞他：“你的意见很好，就照你的意见去做。”

5. 注意日常人文关怀

感情是一种推动力。领导平时应该对下属进行人文关怀，关注下属情感层面的需求，提升下属的幸福指数，让下属更乐于工作。对下属的人文关怀，不能仅凭一时兴致，要把握住日常工作生活中每一个与下属联络感情的机会，如与下属一起出游、野餐，记住下属生日，探望生病的下属，关心下属家庭，适当地推功揽过等。内容形式不拘，总之要在工作上和生活上对下属尽可能地给予关心和帮助。对下属在情感上多一点关心，下属就会在内心深处对领导多一分感激。也许，一次小小的鼓励，一次不经意的帮忙，对领导来说不是大事要事，但却可以换来下属的加倍回馈。

巩固训练

小王是天新进口水果贸易有限公司的一名主管。一天，该公司的梁董事长指示小王，公司明天要参加农博会，务必于下班前将公司的宣传资料装订成册，并放进资料袋，还要留意资料的装订顺序和装袋顺序。小王打算组织办公室所有成员完成此事。

请根据以上情境，模拟完成小王向下属传达上司指示的过程。

职业技能鉴定指导

▶ 知识技能复习要点

能准确地向下属传达上司的指示。

▶ 模拟训练

一、单项选择题

1. 在下行沟通中，应该做到（ ）。

A. 只用开大会的形式向下属传递信息　　B. 言简意赅，条理清楚

C. 保证信息从上到下一层一层地传递　　D. 对于组织的事情应尽量对下属保密

2. 向下属传达指示时，要尽可能（　）。

A．下达抽象的指示　　B．注意语气，证明自己的权威

C．不要经常变更指示　　D．以上都不是

3. 对有效布置任务，理解不正确的是（　）。

A．让下属明确工作的重要性　　B．要采用命令口吻

C．让下属复述任务　　D．允许下属提出疑问

二、多项选择题

1. 按照“5W2H”布置工作任务中“2H”是指（　　）。

A．怎样做？如何提高效率？如何实施？方法怎样？

B．在哪里做？

C．成本是多少？做到什么程度？数量如何？质量水平如何？

D．什么时间完成？什么时机最适宜？

2. 给下属布置任务时，下面哪些话语不太恰当？（　　）

A．这件事我比你清楚得多，你必须按我说的去做！

B．把你手上的活儿停下来，马上给我重做！

C．你说的很有道理，但如果这样做是不是更好？……

D．对于这件事我说一下我的想法……我想知道你的意见是怎样的。

3. 对下属进行日常人文关怀的形式可包括（　　）

A．与下属一起出游　　B．关心下属家庭

C．仔细询问下属的难言之隐　　D．适当推功揽过

三、判断题

1. 给下属布置任务时，要将工作任务的重要性告诉下属。（　）

2. 给下属分配完任务之后，需要向下属提出问题。（　）

3. 给下属布置任务只要说清要点就可以，不必与下属探讨，也无须让下属提问。（　）

4. 向下属传达任务后，可以要求下属复述工作任务。（　）

5. 对下属的家庭和生活中碰到的困难，要予以必要的关心。（　）

四、技能实训题

小欣是某公司总裁办公室主任，今天接到总裁指示，让她负责接待下周来公司进行项目洽谈的考察团。为了让接待工作有序进展，促进项目洽谈的顺利进行，小欣安排办公室文员小黄与小红负责整理、打印、装订项目洽谈资料，安排办公室文员小菊负责考察团的酒店住宿和用餐预订工作，安排公司司机老王负责考察团的接送。

请以小组为单位，模拟小欣分别给小黄、小红、小菊和老王布置工作任务的沟通过程。

子任务2 表扬下属

训练目标

1. 了解表扬下属的作用；
2. 能运用表扬的技巧肯定下属、激励下属。

任务情境

（接“子任务1 传达布置工作任务”任务情境）各区的工作人员按照副主任刘泳的要求开始布置现场了。负责接待区布置的是小王和小张，都是刚进公司不久的员工，最先完成了工作。她们将签到台放在了会场入口的不远处，便于新老客户签到入场。为了显得正式，她们还找来了台布和桌围，桌上也摆好了鲜花，准备了“请赐名片”“签到处”的桌牌。签到台的旁边也布置得整齐有序，分类放置了宣传文件、客户礼品袋等。刘泳看到这些，心里非常满意，为了肯定她们的工作，也为了激发其他各区工作人员的积极性，刘泳决定要好好表扬小王和小张。

刘泳应该如何表扬下属？

训练步骤

1. 刘泳应当选择什么场合和时机表扬小王与小张？

场合：

时机：

2. 刘泳可以赞扬小王和小张的哪些方面？请写出具体的赞美点及语句。

赞美点：

语句：

3. 刘泳赞扬小王和小张时可配合什么样的肢体语言？请写出可用的肢体语言并模拟表演。

4. 以下是几则表扬下属的例句，请从语气、语调、肢体语言等方面模拟陈述表演。

（1）你们工作很努力，辛苦了！

（2）这个主意太好了！你很有创意！

（3）这次活动组织得很好！你们工作做得很细致！

（4）任务完成得很出色，谢谢你们！

（5）你们工作效率很高，很能干！很好！

知识与技能

一、表扬的作用

著名哲学家、教育家约翰•杜威曾说:“人类本质里最深远的驱策力就是希望具有重要性，希望被赞美。”每个人都希望被赞美，这在心理学意义上源自个体渴望被尊重、被认可的精神需求。一旦这种精神需求被满足，人就会充满自信和动力。在工作中，每个人都需要被肯定和激励，但很多管理者不习惯肯定和激励下属，而是习惯采用批评式的管理，这不但会严重挫伤下属的工作积极性，更易招致下属的不满。表扬下属其实是管理者必备的一种管理技巧，而且是零成本、零风险、起效最快的激励工具，因此能正确表扬下属很关键。

二、表扬下属的技巧

1. 表扬须发自内心，态度真诚

表扬是对优点的赞美和对成绩的肯定，领导表扬下属是发自内心的、实事求是的，下属才能真正感受到愉悦，领导的表扬也才能发挥应有的作用。如果领导表扬的优点不是领导内心认可的优点，表扬就会显得虚假，而虚假的表扬是没有效力的。

2. 表扬内容要具体

表扬下属必须掌握三个核心要素:行为、影响和肯定。说“行为”，即指出下属的优秀事迹和行为细节;说“影响”，即指出下属的表现所带来的影响与贡献;表“肯定”，即告诉下属你对他的表现很赞赏。例如如下的表扬就很具体，效果会很好。

真没想到你一大早就把方案交给我了，很迅速嘛。我看了一下，方案中对产品卖点和客户需求的把握比较准确，并且操作性强（行为细节的表扬），这个对营销工作的具体实施很有利（行为影响的表扬）！你工作效率很高，创造力强，值得大家学习！辛苦了！

3. 表扬须及时，场合要恰当

表扬下属要及时，时过境迁，表扬就失去了效力。表扬下属要根据不同的情况选择不同的场合，可以当众表扬，但不要让被称赞的下属有困扰，甚至引起周围同事的忌妒。可以运用间接表扬的方法，在第三者面前表扬下属，或者借用第三者的话来表扬下属。

4. 配合肢体语言

用语言表扬下属的同时，还可以通过肢体语言加强表扬的力度，增强情绪感染力。例如，拍拍下属的肩膀，跷起大拇指，微笑、点头等动作，都可以表示对下属的肯定和称赞。

三、表扬下属的方式

表扬下属的方式多种多样，可根据不同的表扬对象和不同的表扬内容，以及不同的场合，灵活运用。例如:

（1）真诚地说一声："你们工作很努力，辛苦了！"

（2）真诚地说一声："任务完成得很出色，谢谢你们！"

（3）真诚地说一声："你真棒！"

（4）由衷地说一声："这个主意太好了！"

（5）有力地拍一拍下属的肩膀（适用于有一定年龄差距的上下级）。

（6）一个认可、信任的眼神。

（7）祝贺时一个忘情的拥抱。

（8）一阵为分享下属成功的开怀大笑。

（9）写一张鼓励下属的便条或一封感谢信。

（10）为工作成绩突出的下属颁发荣誉证书。

（11）下属生日时一个电话、一条祝福和问候的短信、一件小小的礼物。

（12）与下属进行一次无拘无束的郊游或团队聚会。

（13）一个让下属激动不已的个人经验介绍。

……

巩固训练

办公室主任王进接到上司安排的会议筹备任务后，立即吩咐办公室文员一起打印装订会议资料。虽然工作任务比较紧急，但办公室文员小娟却忙而不乱，做事有条有理，细心周密。她在装订资料时先仔细翻看了每页的页码顺序，确保没有错漏后才正式装订。在装袋时她也注意了资料放置的先后顺序。

办公室主任王进对小娟的工作表现应该如何表扬？

职业技能鉴定指导

▶ 知识技能复习要点

能掌握表扬下属的技巧。

▶ 模拟训练

一、单项选择题

1. 以下关于表扬下属的观点中，不正确的是（　）。

A．表扬态度要真诚　　B．表扬内容要具体

C．表扬下属不必介意场合　　D．表扬下属要及时

2. 表扬下属的技巧是（　）。

A．尽量不要用肢体语言配合　　B．表扬得越及时越好

C．表扬语言越模糊越好　　D．在场的人越少越好

3. 表扬下属的方式不恰当的一项是（ ）。

A．有力地拍一拍下属的肩膀　　B．祝贺时一个忘情的拥抱

C．仅表扬团队负责人　　D．在第三者面前表扬下属

二、多项选择题

1. 表扬内容应包含的三个核心要素是（ ）。

A．下属的行为　　B．行为带来的影响

C．对下属的肯定　　D．奖励方式

2. 下列关于表扬下属正确的说法是（ ）。

A．表扬要及时　　B．表扬要尽量公开

C．为树立典型，可以夸大其优点和贡献　　D．适当运用间接表扬

3. 表扬下属时要特别注意（ ）。

A．有缺点的下属也有值得表扬的地方

B．不要表扬比自己强的下属

C．表扬下属的语言要因人而异

D．表扬下属要根据不同的情况选择不同的场合

三、判断题

1. 下属小的成绩不必表扬。（ ）

2. 把表扬积攒起来，集中到某个时间表扬效果更佳。（ ）

3. 不要因为下属经常犯错而不表扬。（ ）

4. 表扬下属要把具体的闪光点说出来。（ ）

5. 表扬下属是零成本、零风险、起效最快的激励工具。（ ）

四、技能实训题

秘书小张负责这次总裁出差的准备工作。小张做了如下几项工作：将总裁需要的所有资料分门别类整理好，并制作了具体标识和明细一览表；联系司机老王，让其下周一早上8点备好车在公司正门口等待，并送总裁到广州白云机场；查看了武汉的天气预报，得知武汉下周会有强冷空气，特别提醒总裁带一套保暖内衣。总裁对小张细致周到的工作非常满意。

请两人一组，模拟总裁对小张进行表扬的全过程。

子任务3 批评下属

训练目标

能运用批评的技巧劝勉下属，帮助下属成长。

任务情境

（接“子任务2 表扬下属”任务情境）接待区的布置工作做得非常出色，客户区的布置却让刘泳大失所望。负责客户区布置任务的有五个人，其中小田和小何还是公司老员工。他们将客户坐的桌椅摆成了一排一排的，像是要让客户听会议报告，而且他们也没有预留出多余的椅子，只是把现成的座椅全部摆上就结束了。

面对小田和小何两位老员工，小刘应该如何巧妙批评才能使他们认识到问题所在？

训练步骤

1．刘泳应该用什么样的方式和语气批评小田和小何？

批评方式：

批评语气：

2．刘泳批评小田和小何时应该选择什么样的场合？

3．刘泳应怎样指出小田和小何的问题？请写出具体的批评语句。

4．刘泳在批评完小田和小何之后，还应该做些什么？

5．以下是几则批评下属的例句，请从语气、语调、肢体语言等方面模拟陈述表演。

（1）这次活动策划很有创意，但是组织工作做得不够细致。

（2）这项工作落实得不好，请你分析分析原因。

（3）工作进展比较顺利，但是与我们预期的效果有差距。

（4）环境这样布置不合适，可能是我没交代清楚。请你们调整一下好吗？

知识与技能

一、对下属提出批评的重要性

批评下属是领导日常工作难以避免的。对待下属，不仅要适当地激励，当下属犯了错误时，还需要及时提出批评，督促下属尽快地改正错误，不断进步，变得更加优秀。反之，对下属放任不管，只会阻碍下属的发展和团队的建设，甚至影响整体的工作业绩。如果领导没意识到这一点，面对下属的错误，总是碍于情面对其不做正式批评，甚至不管不问，这种做法会让团队中存在的问题越来越严重。只有奖惩分明，才能使团队充满活力。

二、批评下属的技巧

1. 以表扬开头

由于下属被批评时都会有抵触心理，担心自己的面子与自尊心受损。因此在批评下属前可对下属的优点和积极面进行肯定和表扬，这样他就会主动放弃心理的抵触，对你的批评也就更容易接受。

2. 对事不对人

对下属开展批评时，只对事不对人，即只批评下属具体的行为。切忌对下属说“你这个人……”之类的话，也不可将其以往工作中出现的错误集中起来进行批评。多做具体评价，就事论事，少用概括性语言。

3. 不伤及下属的自尊与自信

批评的重点在于“评”，而不是“批”。在批评下属时，要先克制自己的愤怒情绪，尽量不要把过分激动的情绪带到批评中去。批评下属时避免伤害下属的自尊和自信，切忌对下属说“你怎么搞的？”“你这么差劲儿怎么能做得好？”这类有伤自尊的话。可以这样说：“你以往的表现都很优秀，希望你不要再犯这样的错误”“像你这么聪明的人，我实在无法同意你再犯一次同样的错误”。

4. 选择适当时机与场合

对下属进行批评时要掌握恰当的时机，不宜过早，也不宜过晚；不要当着众人的面批评下属，最好选择单独的场合，如独立的办公室，安静无人的会议室、休息室等。

5. 找到解决问题的方法

当下属意识到问题的存在，并知道再犯的后果后，就需要你与下属一起找到解决的办法。如果在批评的过程中存在双方争执不下的情况，要学会倾听，耐心地倾听下属的解释，找出问题的症结和根源，再做出客观的评价，找出解决问题的方法。

6. 友好结束

如果下属已经认错，就不要不依不饶，应及时结束批评，每次批评都应尽量在友好的气氛中结束。在结束时应该对下属表示鼓励，提出希望，让下属把批评当成是你对他的鼓励，增强他改正错误、做好工作的信心。

三、批评下属的方式

1. 暗示式

特点：具有一定的隐蔽性，用间接含蓄的方式把批评的意见表达出来。这种隐蔽性批评避免了你与下属的直接对立或尴尬。

例：当员工迟到了——批评语："请帮我看一下，现在几点了？"

2. 模糊式

特点：运用弹性语言和模糊语言进行批评，一般用于比较大型的场合和公开会议。

例：整顿部门工作纪律——批评语："最近这段时间，我们部门的纪律总的来说是好的，但也有个别同事表现较差，有迟到的，有早退的，还有上班期间做私事的。"

3. 请教式

特点：用温和的方法进行"冷处理"。

例：下属将办公用品乱放——批评语："请把办公用品摆放整齐些，好吗？"

4. 安慰式

特点：从下属的角度考虑问题，毕竟有时候下属的错误举止是基于人的正常心理产生的。

例：下属不小心把产品的底价告诉了客户且后悔不已——批评语："我理解你此时的心情，你确实使公司损失了一大笔钱，但我们毕竟还是赚钱了，你以前为公司所做的一切大家都是记得的。"

四、批评五步法

提出批评可以按照以下五个步骤进行，能使下属心服口服，起到真正的批评作用。

主管：小陆，你这个月业务不错啊。不过我今天是想和你谈谈你迟到的问题。

小陆：我知道，我有时是不大准时。

（第一步：以表扬开头，明确提出问题。）

主管：你知道你不准时的频率吗？（拿出一张考勤表）上个月你有六次迟到，两次没有准时参加晨会。

小陆：哦，那我以后注意。不过您也看到了，我并没有因为迟到而影响工作。

（第二步：提出事实，可以避免下属因不服气而导致的争论。）

主管：没有影响工作吗？那你说，如果公司的其他人也都每月有六次迟到，会不会影响到你的工作呢？

小陆：这个，会影响到我的工作。如果我去找他们，他们没在，我最少还要再跑一次。

主管：如果其他部门的人来找你，你偏偏不在，他们会如何评价咱们部门呢？

（第三步：让下属认识到问题所在。）

主管：既然你能意识到迟到是个大问题，那如果再迟到怎么处理呢？

小陆：总不会开除我吧？

主管：你说呢？你一直业绩很好，我不希望因为迟到这种事而严重地影响了你的事业发展。

小陆：真的会有那么严重吗？

主管：公司是有明确规定的：平均每月迟到六次者劝退。

小陆：……（沉默）

（第四步：指出后果，使员工认识到问题的重要性。）

主管：怎样才能够帮到你？有什么办法可以让你不迟到呢？

（第五步：与下属一同找到解决的办法。）

巩固训练

假设你是一位主管，你的一名下属最近工作态度不是很积极，而且经常发表一些消极的言论。请根据批评五步法，对这名下属提出批评。

职业技能鉴定指导

▶ 知识技能复习要点

能运用不同的批评技巧对下属进行批评。

▶ 模拟训练

一、单项选择题

1. 以表扬开头批评下属的目的是（　）。

A. 避免伤害下属自尊心　　B. 避免尴尬

C. 恭维下属　　D. 与下属拉近关系

2. 批评最好在哪种气氛中结束？（　）

A. 尴尬　　B. 友好　　C. 恐怖　　D. 紧张

3. 下列选项中，不属于批评下属的注意要点的是（　）。

A. 让下属意识到问题所在，帮助其找到解决问题的方法

B. 当众进行，以儆效尤

C. 就事论事，对事不对人

D. 不可伤及下属的自尊与自信

4. 以下批评下属的表达方式合适的一项是（　）。

A. 你这样做是不对的！　　B. 你这人实在是无法理喻。

C. 你本应该避免这样的错误！　　D. 你不行，太离谱了！

二、多项选择题

1. 批评下属的方式有（　　）。

A. 暗示式　　B. 沉默式　　C. 请教式　　D. 模糊式

2. 批评下属时宜选择在（　　）。

A. 安静无人的会议室　　B. 洗手间

C. 安全通道　　D. 独立的办公室

3. 批评下属时忌（　　）。

A. 伤及其自尊心　B. 人身攻击　　C. 当众批评　　D. 鼓励下属

4. 以下批评下属的说法正确的有（　　）

A. 我以前也犯过这样的错误……

B. 我一直很看好你，我希望你以后不要再犯同样的错误。

C. 我对你很失望，你太没责任心了！

D. 你一向很稳重，我相信你会做得更好。

三、判断题

1. 批评下属时可以只对人不对事。（　）

2. 批评下属后可以不用帮助其解决问题。（　）

3. 对下属的错误可以先记着，到某个时间算总账。（　）

4. 批评下属的原因说得越模糊越好。（　）

5. 暴怒时不要批评、责骂下属。（　）

四、技能实训题

白羽和丁佩都是在A公司工作六年的员工，她们同为办公室秘书，平时各司其职，尽职尽责。丁佩上个月被提升为办公室主任，成为白羽的直接上司。也许是受这件事情的影响，白羽最近总是不在工作状态，整天玩手机上网，办公室的文件柜和文件盒摆放毫无秩序，更为严重的是居然把一份货物清单打错了数字。好在丁佩细心核查后纠正了错误，否则会严重影响公司形象。

请两人一组，模拟办公室主任丁佩对白羽存在的纪律问题进行批评的全过程。

任务评价

任务学习评价表

评价项目	评价关键点	配分	自评分	互评分	教师评分
沟通态度	主动沟通，积极倾听	10			
	态度和蔼，坦诚相待	10			
	能尊重、鼓励、劝勉下属	10			
口头语言	能使用礼貌用语	10			
	语言简洁，用语恰当，表意明确	20			
	能运用正确语调、语气准确地表情达意	10			
肢体语言	能运用多种肢体语言与下属沟通	20			
沟通场合与时机	表扬和批评下属时场合与时机适宜	10			
合　计		100			

任务五 面试沟通 Task 5

子任务 1 初次面试沟通

训练目标

1. 能了解初次面试沟通的准备工作；
2. 能结合自身情况回答面试官的提问；
3. 能展示良好的面试礼仪。

任务情境

阿文是某中职学校文秘专业的一名应届毕业生。她个子不高，性格比较内向，不善言谈，但成绩优秀，已取得国家四级秘书职业资格证书。明天下午3点会有一家大型的百货公司来校招聘若干秘书。这家公司在当地有一定知名度，而且规模大，管理规范，对员工素质要求高。阿文以前就听说过这家百货公司，她决定要好好把握。阿文对自己的专业技能很有信心，但担心自己不善言谈、内向的性格会影响到明天的面试。

假如你是阿文，你怎样才能顺利地完成这次面试沟通？

训练步骤

1. 阿文面试前需要做哪些方面的准备？

（1）________

（2）________

（3）________

（4）________

2. 面试时阿文在礼仪方面需要注意些什么？请填写下表。

项 目	要 点
穿着打扮	
行为举止	

续表

项　目	要　点
面部表情	
眼神	

3. 到达面试地点，阿文应该如何进入面试场所？如何与面试官打招呼？

如果门关着，应如何敲门？

如果门没有关，应如何进门？

应如何与面试官打招呼？

面试官示意阿文坐下时，她应如何就坐？

4. 阿文在面试中，需要对自己的哪些方面做重点介绍？

自我优点梳理：

针对公司及职位要求突出自己的优点：

5. 请写出阿文自我介绍的具体内容，并描述应配合哪些肢体语言。

自我介绍语言：

肢体语言：

6. 如果百货公司采取集体面试的方式，阿文应该怎样与其他面试者进行沟通？这个过程中还需要注意哪些事项？

与其他面试者沟通的语言：

注意事项：

7. 面试过程中，如果面试官突然说“我们可能不会录用你”，阿文应该如何应答？

8. 面试结束，阿文应怎样与面试官道别？

道别语：

肢体动作：

面部表情：

眼神：

知识与技能

一、初次面试沟通前的准备

无论应聘者学历多高、资历多深、工作经验多么丰富，当面试官发现应聘者对申请的职位知之不多，甚至连最基本的问题也回答不到位时，印象分自然会大打折扣。面试官不但会觉得应聘者准备不足，甚至会认为其根本无意在这方面发展。所以，初次面试前应做好充分的准备工作。

1. 了解面试企业

了解面试企业的性质、文化、发展背景、在行业内的位置、发展前景、竞争对手情况、福利待遇等。了解企业对招聘岗位的工作职责、要求、条件，了解与自己专业相关的其他岗位等。

2. 做好自我定位

能够清楚地认识自己，明确自己的优势、劣势、机会和威胁，并根据招聘岗位要求，做到有的放矢。既不要高估自己，去应聘难以胜任的岗位，也不要委屈自己，选择与自己能力不太相符的低端岗位。

3. 制作个人简历

个人简历要信息准确、层次分明、内容简明、突出重点、显示真诚。个人简历的内容主要包括应聘岗位、个人基本情况、所学专业课程、社会工作及实习经验（能力体现）、爱好与特长、自我评价等，还应在个人简历后面附上有关证书和作品的复印件等。个人简历要有针对性，注意随时更新，应聘不同的岗位需要准备不同的简历。

二、面试沟通的礼仪技巧

第一印象非常重要。面试官可谓经验丰富，见到你的前 15 秒，就已经对你做出基本判断，后面 15 分钟的交谈基本是在对这个判断做进一步确认。要想给面试官留下良好的第一印象，需要注意以下礼仪技巧。

（1）着装方面要尽可能穿正装，但部分经济困难的同学不必强求，总体来讲，穿得干净整洁就好。着装请注意三色原则（全身上下衣物包括包的颜色不要超过三种），还应避免佩戴那些可爱的小饰品。

（2）迟到失约是面试中的大忌。迟到会令面试官觉得应聘者没有时间观念和责任感，对这份工作也没有热忱，印象分自然大减。因此，最好提前 10 ~ 15 分钟到达面试地点，如因要事迟到或缺席，一定要尽早打电话通知招聘单位，并预约其他时间面试。另外，应聘者匆匆忙忙赶到面试地点，心情还未平静便要进行面试，面试表现也难免会有失水准。

（3）进入面试场地之前要先敲门，得到面试官的许可方可进入。

（4）主动递交自己的简历。递交的时候注意两点：一是双手递上，以示尊重；二是注意纸面的朝向，应将简历正面对着面试官，而不是对着自己，以方便面试官阅读。

（5）在交谈过程中与面试官始终保持眼神交流，会显得你拥有充分的自信。

（6）面试结束之后主动向面试官表示感谢并礼貌道别，不要询问面试官对自己面试表现的评价，这样的行为使你显得很不自信，而且会让面试官为难。

三、面试沟通的语言应对技巧

在面试过程中，面试官常常会有如下提问，应聘者须做好心理准备。

1. 请你做简单的自我介绍

这是面试的必考题目。应聘者应主要谈自己的成长经历、社会经验和业余爱好，描述自己的性格，展示自己的成功经历，着重说明自己良好的综合素质、品德、工作习惯及扎实的专业知识和过硬的职业技能。

2. 你为什么选择我们公司？

面试官问此问题意在了解应聘者求职的动机、愿望及对此项工作的态度。建议从行业、企业和岗位这三个角度来回答，例如："我十分看好贵公司所在的行业，我认为贵公司十分重视人才，而且这项工作很适合我，相信自己一定能做好。"

3. 你认为自己最大的缺点是什么？

不宜说自己没缺点，不宜把那些明显的优点说成缺点，不宜说严重不符合应聘岗位要求的缺点，不宜说令人不放心、不舒服的缺点。可以说一些对于应聘岗位来说"无关紧要"的缺点，说一些表面上看是缺点，从工作的角度看却是优点的缺点，如："我有时过于较真，因此做事会稍微慢一些。"

4. 请说出我们录用你的理由

招聘单位一般会录用这样的应聘者：基本符合条件，对这份工作感兴趣、有足够的信心。因此，应聘者最好站在招聘单位的角度来回答提问，例如："我符合贵公司的招聘条件，凭我目前掌握的技能及我拥有的高度的责任感、良好的适应能力与学习能力，我完全能胜任这份工作。我十分希望能为贵公司服务，如果贵公司给我这个机会，我一定能成为贵公司的栋梁！"

5. 你能为我们做什么？

回答此问题的基本原则是"投其所好"。回答这个问题前应聘者最好能"先发制人"，了解招聘单位该招聘岗位的用人需求。应聘者也可以根据自己的了解，结合自己在专业领域的优势来回答这个问题。

6. 你是应届毕业生，缺少经验，如何胜任这份工作？

应聘者展示自己的诚恳、机智、果敢及敬业是对这个问题的最好回答。例如："作为应届毕业生，我在工作经验方面的确有所欠缺，其实，在读书期间我一直利用各种机会在这个行业里做兼职，从中获取的经验也令我受益匪浅。我也发现，实际工作远比书本知识复杂。虽然我经验不足，但我有较强的责任心、适应能力和学习能力，而且比较勤奋，所以在兼职中都能圆满完成各项工作。请贵公司放心，学校所学及兼职的工作经验使我能胜任这个岗位。"

7. 如果我们录用你，你将怎样开展工作？

如果应聘者对于应聘岗位缺乏足够的了解，最好不要直接说出自己开展工作的具体办法，应尽量模糊回答，例如：“首先我会认真倾听领导的指示和要求，然后了解和熟悉有关情况，接下来制订一份近期的工作计划并上报领导批准，最后根据计划开展工作。”

8. 与上级意见不一致时，你将怎么办？

一般可以这样回答这个问题：“在这种情况下，我会服从上级的意见，但我会给上级必要的解释和提醒。”如果面试你的是总经理，而你所应聘的岗位另有一位部门经理分管，且这位部门经理当时不在场，那你可以这样回答：“对于非原则性问题，我会服从上级的意见；对于涉及公司利益的重大问题，我会向更高层领导反映。”

9. 你期望与什么样的上级共事？

通过应聘者对上级的“期望”可以判断出应聘者的自我意识，这既是一个陷阱，又是一次机会。最好回避谈自己对上级的具体期望，多谈对自己的要求，例如：“作为刚步入职场的新人，我应该要求自己尽快熟悉环境、适应环境，而不应该对环境提出过多要求，只要能发挥我的专长就可以了。”

四、面试沟通中的禁忌

面试沟通中有如下禁忌。

1. 急问待遇

作为职场新人，急问待遇会使招聘方认为你急功近利，为钱工作。谈论报酬待遇无可厚非，只是要看准时机，一般在招聘方已有录用意向时，再委婉地提出。

2. 报有熟人

“我认识你们公司的 ××”“我和你们公司的 ×× 是同学，关系很不错”等套近乎的话会令面试官反感。如果面试官与你所说的那个人关系不怎么好，甚至有矛盾，那么结果会更糟。

3. 不当反问

面试官问：“关于工资，你的期望值是多少？”应聘者反问：“你们打算出多少？”这样的反问很不礼貌，很容易引起面试官的不快。

4. 不合实际、逻辑

面试官问：“你是否有过失败的经历？请具体说说。”应聘者答：“我想不起我曾经失败过。”这样说不符合实际，会使面试官觉得你妄自尊大，自我认知不清。

面试官问：“你有何优缺点？”应聘者答：“我肯定可以胜任这项工作。”这样的回答不符合逻辑。

5. 本末倒置

一次面试快要结束时，面试官问应聘者：“请问你有什么问题要问我们吗？”这位应聘者欠了欠身，开始了他的发问：“请问你们公司有多大？录用比例是多少？请问您在公司担任什么职务？您会是我的上司吗？”参加面试，一定要把自己的位置摆正，这位应聘者就没有把自己的位置摆正，提出的问题已经超出了应当提问的范围，会使面试官产生反感。

6. 目空一切，盛气凌人

有的应聘者笔试成绩名列前茅，各方面条件也较优越，但恃才傲物、目空一切，面试中态度傲慢，说话咄咄逼人。主要表现为：一是面试官对自己的回答不够满意或进行善意引导时，常强词夺理、拼命狡辩，拒不承认错误；二是总想占据主动地位，经常反问面试官一些与面试内容无关的问题，如单位住房条件如何，自己将担何种职务等，好像面试官已决定录用他（她），面试仅仅是在谈条件；三是被问及在原单位的工作情况时，不能保持冷静，常贬低原单位领导，否定他人的成绩。这些表现让面试官觉得你桀骜不驯、盛气凌人、难以领导，爱在背后议论他人，合作精神差。

7. 孤芳自赏，态度冷漠

有的应聘者平时性格孤僻、对人冷淡、心事较重，面试中表情冷漠，不能积极与面试官配合，缺乏必要的热情和亲切感。岂知所有招聘单位的领导都希望自己的下属在工作中能够与人为善、与同事团结互助，使人感到轻松愉快，因为这样才能提高工作效率。因此，即使应聘者平时性格孤僻，在面试时也要加以克服，否则中选的希望也就变得渺茫。

8. 没有明确职业目标

面试时，千万不要给面试官留下你没有明确职业目标的印象。虽然一些应聘者条件不错，但职业目标不明确，这样的员工在工作中就会缺少主动性和创造性，给单位带来损失。面试官情愿聘用一个各方面表现稍有逊色，但有远大目标、热忱的应聘者。

巩固训练

阿聪马上要毕业了。他在校期间品学兼优，积极参加学校和社会实践，在班级担任班长近三年，有较强的管理、沟通和协调能力，已取得国家四级秘书职业资格证书、全国英语等级考试一级合格证书和全国计算机等级考试一级合格证书。他想在一家大型的家具公司谋得办公室秘书一职。

请两人一组，一人扮演面试官，一人扮演阿聪，模拟整个面试沟通过程。

职业技能鉴定指导

▶ 知识技能复习要点

1. 清楚面试沟通的准备工作；
2. 能熟练运用面试沟通的礼仪技巧；
3. 能熟练运用面试沟通的语言应对技巧；
4. 了解面试沟通中的禁忌。

▶ 模拟训练

一、单项选择题

1. 面试前不需要了解招聘单位的（　）。

A. 企业性质　　B. 企业文化　　C. 竞争对手　　D. 所有岗位职责

2. 下列选项符合面试礼仪要求的是（　）。

A. 直接推门进入面试场地

B. 尽可能着正装

C. 面试结束后要向面试官询问对你面试表现的评价

D. 面试过程中不要与面试官有过多的眼神交流

3. 下列观点正确的一项是（　）。

A. 面试开始时可以先咨询待遇　　B. 面试过程中可以说跟某领导熟，以拉近关系

C. 面试时一定要准时赴约　　D. 面试时应穿能体现你个性的服装

二、多项选择题

1. 初次面试沟通前的准备包括（　　）。

A. 做好自我定位　　B. 制作个人简历　　C. 分析招聘岗位　　D. 了解企业发展背景

2. 下列选项符合面试礼仪要求的有（　　）。

A. 面试要尽量提前到

B. 面试如果迟到或缺席，一定要尽早通知公司，并再约时间

C. 面试结束后要向面试官表示感谢并礼貌道别

D. 面试时可以适度耍酷，体现自己鲜明的个性

3. 对“你为什么选择我们公司？”这一问题回答正确的有（　　）。

A. 我十分看好贵公司所在的行业

B. 我认为贵公司十分重视人才

C. 这项工作很适合我，相信自己一定能做好

D. 在贵公司能学到很多技能，方便我以后自主创业

三、判断题

1. 个人简历要有针对性，注意随时更新，应聘不同的岗位需要准备不同的简历。（　）

2. 面试沟通前不仅要了解所应聘的公司，也要了解该公司竞争对手的情况。（　）

3. 面试时可以用“我跟你们公司的××是同学，关系很好”来套近乎，以确保面试成功。（　）

4. 面试时不要暴露自己任何缺点。（　）

5. 面试要准点到达，最好提前到达。（　）

四、技能实训题

假如你是某职业学校文秘专业的应届毕业生，刚刚投递了一份求职简历，应聘某公司办公室秘书一职。第二天你就接到了该公司人事部打来的面试通知电话，约你明天上午10点到公司面谈。

请与同学自由结组，模拟你与面试官的沟通过程。

子任务 2 再次面试沟通

训练目标

1. 能明确更换工作前和接到面试通知后的准备工作；
2. 能清晰把握自己的职业需求；
3. 能掌握再次面试沟通的语言应对技巧与禁忌；
4. 能展示良好的面试礼仪和职业素养。

任务情境

阿文在一家百货公司工作，经过五年的奋斗，阿文从秘书成长为部门负责人。但近几年公司效益不断下滑，前景暗淡，下属的员工纷纷跳槽到外资及合资企业，收入颇丰。这让阿文心里很不是滋味，她觉得以她的能力应该有更好的发展，于是向一家招聘管理人员的外资百货公司投递了求职简历。简历寄出没几天，她就收到了面试通知。

阿文应该如何准备此次面试？

训练步骤

1. 阿文确定要更换工作，参加面试，此时她需要做好哪些准备工作？

2. 有过工作经验再次找工作参加面试时该如何做自我介绍？哪些内容需要重点突出？

自我介绍：

需突出的重点：

3. 被问到“为何离职”时，阿文该怎样回答？

离职原因：

注意事项（哪些内容不能讲）：

4. 面试官问：“是什么促使你来我们公司应聘的？”阿文该怎样回答？

5. 面试官问：“请你评价一下你现在任职的公司。”阿文应该如何回答？回答这类问题有哪些禁忌？

阿文的评价：

评价禁忌：

6. 面试官说：“请你给面试官的表现打个分，另外再评价一下我们这几位面试官。”阿文应该如何回答？

7. 面试结束后，阿文应怎样与面试官道别？

知识与技能

一、更换工作前的准备

市场经济环境下，人才的自由流动成为常态，十几年甚至一辈子待在一家公司的情况已不多见；对于许多职业而言，更换工作是一个人职业生涯中的常事。换工作是要冒风险的，一次成功的换岗可能使你的职业生涯柳暗花明，使你在新的道路上取得更辉煌的成绩，但一次失败的换岗也能让你前功尽弃。

1. 更换工作应该以职业目标为中心，寻求更广阔的职业发展空间

对于职场人士来说，我们要以积极、谨慎的心态对待换工作这件事，要有明确的职业目标，让每一次换工作都能成为我们职业生涯发展的新动力，不能为换工作而换工作。新工作必须有更广阔的职业发展空间，因为职业发展空间的大小与整个职业生涯息息相关。职业发展空间包括升职、加薪、创业、成就感等几个方面。在选择企业时，应从企业发展和个人发展的态势来看，一个广阔的职业发展空间能将你引上稳健、快速的发展道路，而没有职业发展空间的工作却只会将人送进职业死胡同，让人浪费时间、浪费生命。

2. 确定目标企业，了解企业的基本状况，了解其所在的行业

确定目标企业，首要应对该企业的经营状况、企业文化有所认知。择业考虑的重心应依企业规模而异：大型企业选文化，中型企业选行业，小型企业选老板。在择业的过程中要注意考虑招聘单位的企业文化，企业文化是一个企业发展的指路灯，它预示了企业及个人的发展方向，也体现了管理者的领导思路。

3. 了解目标岗位，确认自己是否能够胜任

了解目标岗位，深入理解工作内容与任职要求，分析自己的优劣势，确定自己是否能够胜任，这是任何人得到发展的基本原则。一般来说，只有能力超过所在岗位要求的人，才可能被提升到有更高要求的岗位上。

二、接到面试通知后的准备

1. 问清相关信息

接到面试通知电话时一定要问清楚招聘单位的名称、招聘岗位、面试地点（包括乘车或开车的路线）、面试时间等基本信息，最好顺便问一下招聘单位的网址、通知人的姓名、

面试官的职位等信息。

2. 了解招聘单位背景和招聘岗位的相关情况

招聘单位背景包括所属行业、产品、项目、发展沿革、组织结构、企业文化、薪酬水平、员工稳定性、发生的关键事件等，了解越全面深入，也越有助于对企业做出客观的判断（人才和企业是双向选择的关系），面试的成功率就越高。

3. 了解招聘岗位信息

招聘岗位信息包括招聘岗位名称、工作内容、岗位要求等。了解清楚招聘岗位信息非常重要，因为同一个岗位名称，各家企业的要求是不尽相同的，了解越多，面试的针对性就更强。

4. 通过亲友了解招聘单位

在自己的人脉圈中搜索一下有没有熟悉和了解招聘单位的，他们提供的信息具有非常重要的参考价值。

5. 记录简历投递信息

去招聘会或在网上投简历时，最好有个记录。记录的信息包括自己应聘的单位和岗位，投的哪份简历，在招聘会上做过哪些简单面试、面试官是谁、面试内容是什么、自己提过怎样的薪资待遇要求，等等。在接到面试通知时，马上查看一下，确保前后一致。

三、再次面试沟通的语言应对技巧

1. 为什么要从上一家公司离职？

回答这个问题时一定要小心，就算在上一家公司受到再大的委屈，对公司有很多的怨言，都不要表现出来，尤其要避免对原公司主管加以指责，避免面试官产生负面情绪，对你留下不良印象。此时最好的回答方式是将问题委婉地归咎于自身，例如：觉得原工作没有学习发展的空间，自己想在新公司多加学习；或者说前一份工作与自己的生涯规划不合等。答案最好是积极正面的，可以这样回答："我希望能获得一份更好的工作""我觉得目前的工作，已经达到顶峰（即没有升迁机会）"。

2. 你为什么愿意到我们公司来工作？

对于这个问题，应聘者要格外小心，如果应聘者已经对该公司做了研究，你可以做详细的回答，例如："公司本身的新技术开发环境很吸引我""贵公司发展稳定，近几年在市场上很有竞争力""我认为贵公司能够给我提供一条与众不同的发展道路"。这都显示出应聘者已经做了一些调查，也说明应聘者对自己的未来有了较为具体的规划。

3. 在完成某项工作时，你认为领导要求的方式不是最好的，自己还有更好的想法，你应该怎么做？

（1）原则上我会尊重和服从领导的工作安排，私底下会找机会以请教的口吻委婉地表达自己的想法，看看领导是否能改变想法。

（2）如果领导没有采纳我的建议，我也同样会按领导的要求认真地完成这项工作。

（3）假如领导要求的方式违背原则，我会坚决提出反对意见。如领导仍固执己见，我会毫不犹豫地再向上级领导反映。

4．你和同事、客户发生过争执吗？你是怎样解决的？

这是面试中最难回答的问题，其实是面试官布下的一个陷阱，千万不要说任何人的过错，应聘者应该知道，成功解决矛盾是一个协作团体中每个成员必备的能力。假如应聘者在服务行业工作，这个问题就非常关键。面试官希望应聘者是成熟且乐于奉献的，他们通过这个问题来了解应聘者的成熟度和问题解决能力。

5．说说你对××行业或××技术发展趋势的看法

招聘单位对这个问题很感兴趣，只有有备而来的应聘者才能做出正确的回答。应聘者可以直接在网上查找有关信息，只有深入了解才能有深入独到的见解。企业认为聪明的应聘者会对招聘单位预先了解很多，如全面了解招聘单位部门设置、发展情况等信息。在面试时可以提到你了解到的情况，面试官也希望进入单位的人是“知己”，而不是“盲人”。

四、再次面试沟通的注意事项

（1）在确定新单位正式录用你之前，不要让现在的工作单位知道你想跳槽。如果单位知道你想跳槽，对你会有所提防，一般不会再委以重任，晋升加薪的机会自然也就没有了。

（2）尽量不要辞职之后再找工作。找工作过程中有很多因素不是自己能控制的，没有人可以确保自己一定能在某个期限内找到合适的工作，辞职后长时间找不到工作，会影响心情，打击自信，说不定就随便接受一个还不如原来的工作。

（3）找工作期间尽量不要影响现有的工作，不要新的工作没找到，又丢了旧的工作。在没有得到新单位正式的录用通知之前，不要辞职。

（4）在递交辞职信之前要处理好所有的物品、文件与信件。有些单位在你交了辞职信后，就会禁止你再使用单位的电脑和文件。

（5）一定要通过电子邮件或纸质文件的方式递交书面辞职信，万一发生离职纠纷，有据可查。

（6）商谈离职日期、赔偿金等问题时，要学会用法律保护自己的合法权益。一般情况下，只要提前30日递交书面辞职报告，无论单位同意与否，你都可以离职。现在很多单位与员工签署了竞业禁止协议，实际上这个协议要生效，根据相关法律规定，单位必须支付给你一定的费用。换句话说，如果单位不付给你“损失费”，他们没有权利禁止你去同行业的单位。

（7）递交辞职信后，做好现有工作的交接，这是一个职场人基本的职业道德。

巩固训练

阿军中职毕业后进入一家本土连锁超市工作。他从秘书做起，经过七年的努力做到了办公室主任的职位。近年来，由于所在公司管理模式陈旧，不能适应市场变化，在三家外资超市相继涌入后，公司效益急剧下滑，濒临倒闭。生存的压力让阿军不得不考虑跳槽，经过再三考虑，阿军决定在家具行业闯一闯，最终锁定了某大型家居企业总经理助理兼任办公室主任一职。求职简历投出五天后，阿军收到了面试通知的电话。

请分组模拟阿军面试沟通的整个过程。

职业技能鉴定指导

▶ 知识技能复习要点

1. 了解再次面试沟通的准备工作；
2. 了解再次面试沟通的语言应对技巧与注意事项；
3. 能在面试时展示良好的职业素养。

▶ 模拟训练

一、单项选择题

1. 更换工作应该以（　）为中心，为职业目标服务。

A. 个人收入　　B. 企业发展　　C. 职业目标　　D. 个人能力

2. 若目标公司是大型企业，适合以下列哪项作为择业考虑的重心？（　）

A. 职位　　B. 老板　　C. 行业　　D. 企业文化

3. 下列选项中关于再次面试沟通的语言应对技巧说法正确的是（　）。

A. 用抱怨原来公司、赞赏新公司的方式博取面试官的好感

B. 否定原来公司，可以说："我个人能力很强，但老板总是不给我机会。"

C. 可以全面评价原来的老板，知无不言，言无不尽

D. 对招聘单位预先多做了解，并在面试中提及自己所了解到的情况

二、多项选择题

1. 在回答"为什么要离职？"这一问题时，正确的说法是（　　）。

A. 老板总是给我"穿小鞋"　　B. 我的才华总是得不到施展

C. 原来公司对我不错，我的职位升迁即能证明公司对我的认可，但我想有进一步的发展

D. 我很认同贵公司的企业文化，想在更高的平台上发展自己

2. 如果面试官问："在完成某项工作时，你认为领导要求的方式不是最好的，自己还有更好的想法，你应该怎么做？"你的回答可以是（　　）。

A. 原则上尊重和服从领导的工作安排，私底下找机会以请教的口吻委婉地表达自己的想法，看看领导是否能改变想法

B. 如果领导没有采纳我的建议，我也同样会按领导的要求认真地完成这项工作

C. 假如领导要求的方式违背原则，我会坚决提出反对意见

D. 若领导违背原则且固执己见，我会毫不犹豫地再向上级领导反映

3. 下列说法正确的是（　　）。

A．没有确定新单位可以录用你前，不要让现在的单位知道你想跳槽

B．找新工作期间，不能影响原来的工作

C．尽量不要辞职之后再找工作

D．递交辞职信后，也应认真交接现有的工作

三、判断题

1. 一定要通过电子邮件或纸质文件的方式递交书面辞职报告，万一发生离职纠纷，能有据可查。（　）

2. 找新工作要全力以赴，手头上的工作可以先缓一缓。（　）

3. 在收到新单位要录用你的口头承诺后，就可以辞职了。（　）

4. 跳槽以“收入多”为唯一选择标准。（　）

5. 面试时可以这样表述：“贵公司待遇好，福利多，而原来的公司对员工刻薄，所以我选择加盟贵公司。”（　）

四、技能实训题

阿聪中职毕业后就进入某中型家具企业做办公室秘书，因善于学习，沟通管理能力较强，三年后升职为办公室主任。当地政府为了大力发展家具行业，成立了半官方的家具协会，该家具协会正招聘秘书长。阿聪觉得自己的能力完全可以胜任该职位，并且也想在更高的平台上发展自己，为当地家具行业发展做点贡献。阿聪通过电子邮件发送了一份求职简历，很快就得到了回应，家具协会通知她明天上午9点面试。

请以小组为单位模拟面试沟通的整个过程。

任务评价

任务学习评价表

评价项目	评价关键点	配分	自评分	互评分	教师评分
准备工作	准备充分且有针对性	20			
仪容仪表	仪容整洁，修饰恰当	10			
	着装得体，端庄大方	10			
口头语言	表达清晰、流畅、简洁	10			
	能灵活应答面试官的提问	10			
	语气、语调平和，能恰当表情达意	10			
肢体语言	表情自然，充满自信	15			
	姿势、动作恰当，举止文明有礼	15			
合　计		100			

模块四 Module 4 组织沟通

模块概述

企业在商务活动中不可避免地要与外部环境发生联系，重视组织沟通、协调外部关系、创建良好沟通氛围是影响企业目标实现的重要因素。

本模块共有三个学习任务，包括与企业沟通、与政府部门沟通、与新闻媒体沟通。通过该模块的学习和训练，你可以掌握与企业外部组织沟通的流程和技巧，增强公关问题解决能力。

任务一　与企业沟通

Task 1

训练目标

1. 能按照礼仪要求与企业进行沟通；
2. 能掌握与企业沟通的原则与一般流程；
3. 能根据双方情况细致有序地进行企业沟通工作。

任务情境

最近福新家具有限公司的王经理非常苦恼，因为长期为公司供货的五金厂因经营不善倒闭，现在急需寻找一家新的五金供应商。经过业内人士推荐，他决定去创嘉五金厂看看。于是他找来秘书晏楠，请他做好到创嘉五金厂拜访的相关准备工作。

面对一家从未联系过的企业，晏楠应该如何完成这个任务呢？

训练步骤

1. 晏楠在进行联系前应该首先做哪些事情？

（1）

（2）

2. 晏楠应该通过什么方式与创嘉五金厂取得联系？先联系哪个部门？与此部门的什么人进行沟通比较合适？

3. 在王经理拜访前，晏楠应怎样与创嘉五金厂进行沟通？

项　目	沟通内容
拜访原因（Why）	
双方参与人员（Who）	
拜访内容（What）	
拜访时间（When）	
拜访地点（Where）	

4. 在拜访前晏楠应该准备什么资料？需要安排哪些事项？

需准备的材料：

需安排的事项：

5. 拜访时晏楠要做好哪些方面的工作？需要注意哪些问题？

6. 拜访结束后晏楠还应该做些什么事情？

知识与技能

一、企业沟通的重要性

企业间的沟通交流，可以帮助企业获得丰富的信息，提升行业知名度，促进员工学习先进的业务知识、管理经验等，甚至在企业遇到困难时可以得到有力的支持帮助，对企业的发展影响重大。

二、企业沟通的类型

1. 业务合作

不同企业可以通过签订协议或其他方式建立合作关系，为对方提供产品及服务，开展相互间的人才交流，或共同开发产品、拓展市场、共享利益，以获取市场整体优势。

2. 行业交流

行业内部或行业与行业之间进行企业间的交流，可促进企业之间的沟通，有助其扩展视野，协商问题，增进了解，共同提升行业素质。

3. 企业联谊

企业与企业组成的非营利团体，包括企业家之间形成的社群和组织，或是员工之间交流互动的团体。企业联谊可以推动企业家之间或员工之间的学习与交流，有助其在学习中提升创新能力，在交流中创造合作机会。

4. 庆典活动

企业的庆典活动是为了吸引社会公众的注意力，扩大企业知名度，围绕重要节日或自身值得纪念的重大事件而举行的庆祝活动，其最终目的是获得更大的经济效益和社会效益。企业庆典活动主要分为节庆活动、纪念活动和典礼活动。节庆活动除了官方节日外，还可以借助民间节日，如端午节等；纪念活动一般是指企业的周年纪念日、重大成就的纪念日或企业创始人的纪念日等；典礼活动包括各种典礼和仪式，如开业典礼、竣工典礼、签字仪式、捐赠仪式等。企业可以邀请其他企业参与庆典活动，借此加强与同行业或其他行业企业的交流合作。

三、秘书在企业沟通中应坚持的原则

1. 平等尊重

秘书应以平等、尊重的态度与外部企业建立合作的关系，不仅要维护本公司的声誉，同时也要注意维护对方企业的形象。

2. 真诚合作

秘书应以真诚的态度与外部企业进行沟通，以诚信为基础进行合作交流。

3. 以所在企业利益为重

在企业沟通事务上，秘书应以所在企业利益为重，不可损害所在企业的形象、声誉和利益。

4. 互信互助

双方企业应建立基本的信任关系，并在对方困难时尽可能予以帮助和支援。

四、企业沟通的一般流程

每个企业都应重视与其他企业的沟通，取长补短，加强合作，提升自身的生产经营能力。企业沟通的一般流程如下。

1. 详细了解企业信息

为了在联系和沟通时能够有的放矢，提升效率，在与其他企业沟通前，首先需要详细了解其信息。企业信息包括：

（1）企业的产品和服务。

（2）企业的基本情况及组织架构。

（3）企业的主要客户。

（4）企业的行业声誉。

（5）企业的发展规划和需求。

（6）企业的相关人员及其联系方式。

2. 与企业取得联系

（1）与企业沟通联系的方式可选择电话、电子邮件、传真等。如果选择电子邮件、传真等方式，应在发送信息前通过电话确认其电子邮箱地址、联系人员姓名是否正确。一般应该联系对等部门的负责人或者秘书。

（2）在联系时应遵循“5W”原则。明确说明沟通的原因（Why）、沟通涉及的双方人员（Who）、沟通的内容（What）、沟通的时间（When）、沟通的地点（Where）。还要注意沟通礼仪。另外要注意核对对方是否真正了解和明确，如对方有所不便或有任何变动要及时请示上级，另行确定。

3. 做好沟通的准备工作

（1）准备沟通所用资料和物品，包括公司宣传材料、公司礼品、产品样品、办公用具及个人名片等。

（2）提前确认地点和路线，安排商务用车，确认食宿安排。

（3）提醒参与沟通的人员做好资料准备，注意时间。

4. 与企业进行正式沟通

（1）准时到达。如因特殊情况（如交通堵塞、路线出错等）不能准时到达，一定要提前告知对方。见面时注意要展现良好的个人形象，注意应具备得体的着装、友好的态度、礼貌的语言、文明的举止、真诚的微笑等。

（2）营造氛围。见面时应寒暄问候，相互介绍，赠送礼品，营造良好的谈话氛围。一般初次拜访，最好赠送本公司的代表性产品或纪念品，以及公司的相关宣传资料，以表示诚意。

（3）简要介绍。应简要介绍企业的基本情况、产品情况等信息，表明本公司的需求或合作意向，但介绍时要注意保护公司的机密信息。

（4）进行充分交流，做好记录。及时处理对方的异议，与之进行充分的沟通和交流；回复对方的疑问，消除对方的顾虑，促使双方企业实现沟通目的。秘书一定要做好全程记录。

（5）及时道别。要注意控制时间，初次沟通时间一般不宜过长，具体时间应根据沟通交流的情况灵活把握。道别前应商定下次洽谈的时间，留下联系人的联系方式。

5. 做好后续工作

（1）回电致谢，保持沟通。

（2）定期跟进沟通事项，及时掌握后续发展动态。

（3）做好资料存档，并及时根据发展情况进行资料更新。

（4）关注对方的发展情况，如对方有重大活动或取得可喜的成绩，应及时表达祝贺。

（5）节假日给对方发送祝福短信，加强情感交流。

五、商务谈判

商务谈判也是企业沟通的一种常见方式。商务谈判是指买卖双方为了促成交易或解决争端，获取各自经济利益的一种方法和手段。企业在处理各种公共关系时要顾及社会组织和公众的多方利益，应该遵循互惠互利的原则，兼顾双方利益。在商务谈判中也同样需要以此原则为基础，不能单纯追求企业单方面的利益，只有双方的利益达到平衡，才能得到对方的支持和合作。此外，商务谈判还应该遵循平等、合法等原则。

在商务谈判准备阶段除了准备情报、资料等外，还需要重视选择谈判地点，不同的谈判地点对谈判的气氛和结果会有不同的影响。按照谈判所在地，可将谈判划分为主场谈判、客场谈判、中立地谈判、主客场轮流谈判等。主场谈判的优势在于谈判环境熟悉，有安全感；与上级、专家顾问沟通方便，容易获得智力支持；可以安排对己方有利的谈判议程、地点；在国际商务谈判时可以利用本国的法律、地方习俗、物质条件等因素巧妙地对对方施加影响；节省旅行的时间和费用。客场谈判的优势在于可以省却东道主必须承担的迎来送往义务；可以到对方企业进行实地考察，获取准确的一手资料；能够防止对方借权力有限为由故意拖延时间。在比较正式的谈判中，一般都是谈判双方轮流做东。值得注意的是，在对抗性较强的谈判中如果没有事先约定，尽量选择主场谈判。在很多情况下，过于主动、积极地到对方所在地谈判，会削弱己方的实力和地位。

谈判开局是指谈判双方就谈判的非实质性内容进行交谈，创造一种适宜的谈判气氛的过程，是谈判的前奏和铺垫。虽然这个阶段不长，但它在整个谈判过程中具有非常关键的作用，它为谈判奠定了一个潜在的格局，影响和制约着后面谈判的进行。因为谈判开局是谈判双方的首次正式亮相和谈判实力的首次较量，直接关系到谈判的主动权，所以需要格外注意。

秘书在商务谈判结束后要注意做好谈判的总结和资料管理，协助关注合同的履行和双方关系的维护。

巩固训练

福新家具有限公司与创嘉五金厂签订了协议，正式成为合作伙伴。中秋节要到了，创嘉五金厂的徐厂长想到福新公司拜访王经理，并商谈两家企业合办中秋灯谜会的事项。王经理在外地出差无法赶回，请晏楠帮忙接待徐厂长，初步商讨相关活动事项；并叮嘱晏楠注意徐厂长有高血压，在回礼时注意选择礼品。

请根据以上情境，按照与企业沟通的一般流程，两人一组，一人扮演徐厂长，一人扮演晏楠，模拟完成此次洽谈沟通的对话全过程。

职业技能鉴定指导

▶ 知识技能复习要点

1. 了解企业沟通的重要性。
2. 掌握企业沟通的一般流程。
3. 会灵活地进行企业沟通。

▶ 模拟训练

一、单项选择题

1. 谈判（　）是指谈判双方就谈判的非实质性内容进行交谈，创造一种适宜的谈判气氛的过程。

A. 报盘　　B. 报价　　C. 开局　　D. 妥协

2. 企业在处理公共关系时要顾及社会组织和公众的多方利益，应遵循（　），兼顾双方利益。

A. 全员公关的原则　　B. 互惠互利的原则

C. 真实信用的原则　　D. 科学指导的原则

3. 在对抗性较强的谈判中，一般选择（　）。

A. 中立地谈判比较好　　B. 客场谈判比较好

C. 主客场轮流谈判比较好　　D. 主场谈判比较好

二、多项选择题

1. 企业沟通的类型有（　　）。

A. 业务合作　　B. 行业交流　　C. 企业联谊　　D. 礼尚往来

2. 在与企业联系时应遵循“5W”原则，要明确（　　）。

A. 沟通的时间　　B. 沟通涉及的双方人员

C. 沟通的地点　　D. 沟通的费用

3. 在与企业进行正式沟通时应注意（　　）。

A. 及时记录信息　　B. 防止泄露公司机密

C. 控制交谈时间　　D. 回复对方的疑问

三、判断题

1. 企业之间的沟通做做表面功夫就好。（　）

2. 在与其他企业沟通前一定要先详细了解对方的信息。（　）

3. 与其他企业沟通前要提前预约。（　）

4. 与其他企业沟通顺畅时可以不顾约定时间。（　）

5. 与其他企业沟通，如果没有达到预定目标不需要回电致谢。（　）

四、技能实训题

长信家具有限公司是一家中等规模的家具生产企业。为了能够向同行业的企业取经，发展壮大本企业的规模，长信家具有限公司的徐总经理准备前往行业协会刘会长介绍的联邦家私集团有限公司拜访。

请根据以上情境模拟企业沟通的过程。

任务评价

任务学习评价表

评价项目	评价关键点	配分	自评分	互评分	教师评分
沟通前的准备	能详细了解企业信息	20			
	能与企业取得联系	15			
	能准备齐全沟通所用资料	10			
与企业的正式沟通	能熟练运用企业沟通礼仪	15			
	能充分交流，做好记录	15			
	能避免企业沟通误区	15			
后续工作	能分类处理资料并存档	10			
合　计		100			

 任务二　与政府部门沟通

训练目标

1. 能按照礼仪要求与政府部门进行联系；
2. 能掌握接待政府部门参观考察的步骤及技巧；
3. 能准确有序地做好政府部门的接待工作。

任务情境

元立科技有限公司是一家刚成立一年的电子产品生产企业，现有员工120人，徐明是该公司的公关部秘书。公司在周一接到市政府办公室打来的电话，王副市长将于本周五到元立科技有限公司参观考察。因正值产品展销会在外地举行，公司领导出差在外，预计本周三晚上才能赶回，公关部主任安排徐明事先做好各项准备工作。

徐明应该如何完成此项任务？

训练步骤

1. 徐明在接到这个任务时首先应该明确哪几个问题？

思想上：

行动上：

2. 徐明应该与哪个政府部门的哪个人取得联系？

3. 徐明应该向对方了解哪些问题？模拟徐明与对方的通话过程。

4. 徐明在请示和执行方面应该考虑做好哪些工作？

请示方面：

执行方面：

5. 徐明应该在何时向公司领导进行汇报？请模拟徐明向领导当面汇报工作的过程。

知识与技能

一、与政府部门沟通的重要性

政府是市场规则的制定者和市场制度的维护监管者，与政府部门沟通顺畅与否，对企业的发展来说至关重要。与政府部门积极沟通，可以帮助企业取得政府信任，取得政策上的合理支持，从而帮助企业平稳、快速地发展。

二、与政府部门沟通的类型

（1）经营事务类：企业在经营管理中必定会与政府部门和相关事业单位产生联系，如办理经营证件、纳税申报、安全生产及经营事务咨询等。

（2）政企活动类：包括企业活动邀约、政府参观考察、政企合作活动、社会公益活动等。

（3）政企座谈类：包括政府主办座谈、行业主办座谈等。

三、与政府部门沟通的基本原则

1. 尊重对方，遵守法律法规

任何友好沟通都建立在互相尊重的基础上，企业与政府的沟通也不例外。企业应该尊重代表国家权力的政府部门，而政府也要尊重企业。企业应认真遵守国家的法律法规，通过正常渠道与政府部门进行沟通。

2. 重视沟通，增强互相信任

企业与政府应该通过双向沟通，做到相互理解，为建立信任关系奠定基础。以获取经济效益为目的的企业，要明确政府是公共利益的代表，政府思考问题的角度是公共利益。企业与政府沟通时，就要以公共利益为考虑问题的出发点，与政府在思路上的契合，建立相互信任的关系。

3. 密切关注，做到互惠共赢

企业应该密切关注政府的相关政策法规、各项政府活动及最新政府动态，及时与政府沟通，加强交流，积极支持参与政府活动，从政策导向中发现商机；从政府立场出发，帮助政府排忧解难，在与政府的正常合法互动中做到互惠共赢，共同促进社会及企业的进步。

4. 承担责任，关注社会民生

企业应该积极配合政府承担社会责任。企业要具有强烈的社会责任感，把好产品质量关，合法经营；要关爱企业员工，主动举办慈善或捐赠等回馈社会、帮助民生的政企沟通活动，积极为社会民生做贡献。

四、接待政府部门参观考察的步骤及技巧

接待政府部门参观考察是企业与政府部门沟通中较为常见的方式。企业一定要事先做周全准备，保证资料齐全，最好能有专人或专门部门应对，做到工作有序、安排周详、资料完备，以树立良好的企业形象，便于企业今后获取更好的业务资源。具体接待步骤及技巧如下。

1. 获取详细信息

（1）确定政府部门的联络负责人员，了解其职位、姓名、办公电话、手机号码等信息。

（2）按照“5W”原则了解相关事宜。主要了解政府部门参观考察的原因或目的（Why）、参与人员（Who）、参观考察内容（What）、考察时间（When）、考察场所（Where）。

2. 做好信息登记

向政府部门的联络负责人员了解详细事宜，记录其参观考察目的，参观考察内容，来访人员数目、职位级别、食宿安排，随访媒体，注意事项等信息，填写接待政府部门参观考察登记表。

××企业接待政府部门参观考察登记表（样例）

日期	主来访人	随行人员	总人数	来访目的	参观考察内容	食宿安排	随访媒体及人数	负责接待人员	备注

3. 进行企业内部准备

（1）向主管领导请示，确认接待级别。一般的接待级别可分为高规格、对等、低规格等。企业可以结合自身情况确定接待级别，不同级别对应的接待人员、标准、费用应不同。

（2）制作接待政府考察任务分工及经费预算表。

××企业接待政府考察任务分工及经费预算表（样例）

项目	内容	负责人	经费预算	备注
接待组	确定参与接待领导	×××	/	
	通知参与接待领导	×××	/	
	设计参观路线	×××	/	
	制作来访人员胸牌、接待人员工作牌	×××	300元	
场地组	企业环境清理美化	×××	1000元	
	制作来访人员欢迎牌	×××	50元	
	划定停车场地	×××	/	
	确定并清理会议室	×××	/	
	准备会议设备、文具及用水	×××	500元	

续表

项目	内容	负责人	经费预算	备注
资料组	准备公司宣传册	×××	1000元	
	准备公司产品样品	×××	2000元	
	准备公司纪念品	×××	500元	
	准备公司备查资料	×××	200元	
餐饮组	安排用餐场地及餐饮	×××	300元	
宣传组	公司内部媒体拍摄	×××	3000元	
	进行新闻通讯报道	×××	/	

（3）请领导审核接待政府考察任务分工及经费预算表。

（4）通知工作人员进行准备。

（5）跟进、检查内部准备情况。

（6）注意以下事项：

① 要提前通知参与接待的领导，安排陪同人员，做好陪同人员分工，并告知相关信息，帮助他们做好事前准备，确保参观考察团的每个人都受到周到的接待。要提前一天再次提醒相关领导及陪同人员注意考察团到达的时间地点。

② 参观路线设计应短而精，集中将本企业重要且优秀的部分向政府展示，以树立良好的企业形象。

③ 在接待参观考察团前应提示相关部门做好企业环境的美化清理工作。

④ 对于政府部门的参观考察，企业应该事先确定是否有随访媒体。如有随访媒体则企业不可以安排其他媒体，可自行内部拍摄报道；若无随访媒体，可请示政府相关负责人员是否安排外部媒体拍摄报道，不可自行决定。

⑤ 作为秘书，还应该做好有关来访政府领导的资料收集工作，帮助企业领导更好地了解来访政府领导的工作风格，准备合适的汇报方式，以提高工作效率。

⑥ 提前做好座谈会的会场布置和座位安排，制作领导名牌。

⑦ 在接待前，由接待工作的总负责人再次确认各项准备工作是否完成，及时查漏补缺，保证接待工作的顺利进行。

4. 接待参观考察团

（1）接待参观考察团的步骤：提前电话确认参观考察团的到访时间→企业领导集中等候接待→发放来访人员胸牌→引领参观考察团参观→进行工作座谈→媒体采访→安排食宿→欢送。

（2）注意以下事项：

① 接待人员应统一着装，展现良好的精神风貌，树立企业形象。

② 在接待前要提前电话确认参观考察团的到访时间，提前安排接待人员在企业门前做接待准备，不能临时匆忙行事。

③ 在接待时秘书要随时准备处理突发情况，并进行记录、重新安排。

④ 热情周到地接待媒体，积极配合采访工作。

⑤ 安排好就餐座位和陪同人员，随时留意就餐者的需要并帮助其解决问题。

⑥ 提前准备欢送的车辆，必要时还应提前开启车内空调。

5. 跟踪后续事项

（1）及时跟进企业内部及外部的后续新闻报道。

（2）整理参观考察团提出的问题和建议，并交由企业领导商定改进措施。

（3）及时向政府部门反馈改进措施及效果。

（4）做好总结，存档相关文件资料。

巩固训练

元立科技有限公司公关部秘书徐明在接待王副市长参观考察时工作准备细致，安排井然有序，因此，他得到了政府领导和公司的一致认可。在参观考察时，王副市长提到市政府将在中秋节举办一个外来务工人员团圆欢庆夜的慈善晚会，想请立元科技有限公司进行策划赞助。公司领导认为这是个非常好的宣传机会，安排策划部很快撰写了一份晚会策划案。领导考虑到徐明在上次接待中给政府领导留下了良好的印象，让徐明将这份策划案送给王副市长审查。

请根据以上情境，三人一组，一人扮演徐明，一人扮演政府相关部门负责人员，一人扮演王副市长，模拟完成徐明送交策划案的沟通过程。

职业技能鉴定指导

▶ 知识技能复习要点

1. 了解与政府部门沟通的重要性；
2. 掌握接待政府部门参观考察的步骤及技巧；
3. 会灵活运用接待礼仪。

▶ 模拟训练

一、单项选择题

1. 政府是市场规则的（　）。

A．参与者　　B．遵从者　　C．命令者　　D．制定者

2. 应根据“5W”原则了解政府部门参观考察的相关事宜，具体内容不包括（　）。

A．参观考察的原因　　B．参与人员　　C．考察时间　　D．考察经费

3. 要提前（　）再次提醒相关领导及陪同人员注意考察团到达的时间和地点。

A．一天　　B．两天　　C．一周　　D．一小时

二、多项选择题

1. 企业与政府部门沟通的类型有（　　）。

A．经营事务类　B．政企活动类　C．政企座谈类　D．请客送礼类

2. 企业与政府部门沟通应遵循什么原则？（　　）

A．尊重对方，遵守法律法规　　B．重视沟通，增强互相信任

C．密切关注，做到互惠共赢　　D．承担责任，关注社会民生

3. 企业应向政府部门联络负责人员了解哪些信息？（　　）

A．参观考察的带队领导　　B．参观考察的主要目的

C．随行媒体及人数　　D．参观考察随行人员的级别

三、判断题

1. 与政府关系好就不需要遵守法律法规。（　）

2. 接待政府部门参观考察，企业应提前进行企业环境的美化和清理。（　）

3. 在接待政府部门考察当天，不需要再电话确认时间。（　）

4. 秘书要将了解到的政府方面的信息及时上报公司领导。（　）

5. 接待政府部门参观考察当天，秘书不需要出现。（　）

四、技能实训题

华飞科技公司接到所在经济开发区办公室发来的公函，得知李区长将于下周三带德国专家前来公司参观考察。公司的陈总经理非常重视，要求秘书王阳担任总负责人，全力做好接待工作。

请以小组为单位，模拟华飞科技公司王秘书接待考察团的全过程。

任务评价

任务学习评价表

评价项目	评价关键点	配分	自评分	互评分	教师评分
接待前准备	能填写接待政府部门参观考察登记表	10			
	能熟练运用电话沟通礼仪	10			
	能制作接待政府考察任务分工及经费预算表	10			
接待工作	能写出接待政府部门参观考察的步骤及注意事项	25			
	能有效沟通，积极反馈，灵活应对	25			
后期跟踪	能撰写内部新闻稿	10			
	能做好资料存档	10			
合　计		100			

任务三　与新闻媒体沟通

训练目标

1. 能快速有效地与新闻媒体进行联系；
2. 能准确、完整地准备与新闻媒体沟通的资料；
3. 能区分情况，灵活有序地进行媒体接待工作。

任务情境

龙腾家具制造有限公司准备举办家具设计研讨会，此次会议将邀请国内一批顶尖的设计师到场参与。为扩大宣传，公司决定邀请若干家有影响力的新闻媒体到场进行采访报道，秘书李林被安排负责联系、接待新闻媒体工作。

这是李林从设计部调到办公室的第一个任务，请说说对于新闻媒体比较陌生的他应做好哪些工作，并注意哪些问题。

训练步骤

1. 李林在与新闻媒体联系前应该做好哪些准备工作？

（1）

（2）

（3）

（4）

2. 李林应该在什么时间与新闻媒体联系最为合适？

3. 李林在与新闻媒体联系时应该突出说明哪些方面的信息引起媒体参与的兴趣？

4. 在会议前李林应该做好哪些与新闻媒体接待相关准备工作？

（1）

（2）

（3）

（4）

5. 在接待新闻媒体时李林应该注意哪些事项?

项目	注意事项
着装	
语言	
态度	
媒体登记时	
媒体采访前	
媒体采访中	
媒体采访结束时	

6. 如果要召开新闻媒体说明会,相关领导应该与媒体沟通哪些内容?

7. 在媒体采访结束后李林还有哪些工作需要完成?

(1)

(2)

(3)

知识与技能

一、新闻媒体的类型及特点

1. 新闻媒体的类型

新闻媒体可分为纸质媒体和电子媒体两类。纸质媒体包括报纸、杂志等;电子媒体包括电视媒体、网络媒体、广播媒体等。

2. 新闻媒体的特点

(1)新闻形成和传播速度快。目前传播技术高度发达,新闻能在很短时间内广泛传播,形成舆论,影响公众。

(2)影响范围广。各种新闻媒介、工具的出现扩大了新闻的覆盖范围,并通过制造舆论、形成话题,吸引社会广泛关注,从而进一步扩大了新闻的影响范围。

二、与新闻媒体沟通的意义

现在越来越多的企业开始重视与新闻媒体的交流,特别是在发生企业危机的时候,新闻媒体的作用更加突出。新闻媒体能够引导社会舆论,并以舆论的压力监督社会各方面。所以,企业与新闻媒体积极沟通、建立良好的关系具有重要的意义。

(1)企业进行新闻报道,可以使公众熟悉企业的产品或服务,从而为企业的营销和品牌建设服务。

（2）通过与新闻媒体沟通，企业可以尽快了解公众对新产品、新项目的反应与态度，及时采取措施完善各项计划。

（3）良好的媒体关系有助于宣传企业形象。一般情况下，与媒体关系越密切，企业信息曝光的机会越多、信息的报道质量会越好。

（4）良好的媒体关系能为企业发展创造有利的舆论环境，帮助企业消除误解，澄清事实，抵制谣言，帮助企业渡过危机。

三、秘书在新闻媒体沟通中的角色

（1）秘书应对新闻媒体信息及动态进行实时的收集和监测。

（2）秘书是企业新闻稿件的撰写人。

（3）秘书是企业来访新闻媒体的接待者。

（4）秘书是企业与新闻媒体关系的维护者。

四、与新闻媒体沟通的内容和方式

1. 日常的媒体沟通

要区分核心媒体、重要媒体、一般媒体及核心记者、重要记者、一般记者，做好年度媒体沟通方案，根据不同等级采取相应的沟通方式，选择不同的沟通内容。一般主要通过电子邮件、电话沟通，也可采用当面进行情感交流、举办媒体联谊会、赠送企业纪念品等方式加强沟通交流。

2. 重大活动的媒体沟通

（1）确定合适的沟通内容。沟通内容既要传播企业的积极形象，又要符合新闻媒体的价值标准，要具有真实性、时效性、重要性。

（2）合理使用多种沟通方式。一般的沟通方式包括发新闻稿、开新闻发布会、安排媒体采访等。企业可以根据活动的目的和性质选择一种沟通方式或多种沟通方式组合的形式进行新闻媒体宣传。

五、企业举行重大活动的媒体沟通步骤及技巧

企业在举行重大活动时要特别注意与媒体的沟通及媒体关系的维护，为树立企业的良好形象和提升活动效果提供助力。媒体沟通步骤及技巧如下。

1. 联系媒体前做好准备工作

（1）明确活动目的及预期效果，筛选合适媒体，做出媒体接待预算。

（2）确定活动举办的时间、地点、参与人员等信息及对媒体的接待安排，便于媒体提前做准备。

（3）获取媒体的联系方式，包括媒体名称、性质、地址及媒体联系人员姓名、职位、电话、邮箱等信息。

（4）制作媒体邀请函，根据活动性质及媒体等级选择电子邀请函或纸质邀请函。

根据准备工作的进展填写媒体联系计划表。

媒体联系计划表

活动时间	活动地点	参会人员	活动性质	媒体名称	联系人员	联系方式	拟参会情况	邀请函发送方式	备注

2. 联系媒体

（1）选择合适的联系时间。尽可能在活动策划正式确定的当天与新闻媒体进行电话沟通，提前预约媒体来访的时间。

（2）联系时重点提及媒体感兴趣的信息，如活动中的重量级嘉宾、活动规格、活动的意义和特色等。

（3）及时发送电子或纸质邀请函。如有变动，应及时电话告知媒体联系人员。

（4）确定媒体参与活动的人员及人数。在活动开始前两天，再次电话沟通，核定人数。

3. 接待媒体前做好准备工作

（1）根据媒体数量准备活动说明材料、企业宣传资料等。

（2）划定接待处、休息室、媒体座位及采访区域，检查现场辅助设备。

（3）确定企业接受采访人员，列出采访提纲。

（4）打印媒体人员登记表，制作媒体人员工作牌。

××公司××活动媒体人员登记表

日期：

序号	媒体名称	人员姓名	职务	电话	人数	备注

4. 接待媒体

（1）接待媒体步骤

为媒体人员做登记、发放工作牌及活动说明材料→安排媒体说明会→安排拍照和采访等活动→做好活动结束后的媒体沟通工作。

（2）媒体接待注意事项

时段/项目	媒体接待注意事项
媒体登记时	一般来说，应对参会的媒体人员与一般参会者、工作人员的登记地点进行区分；如遇到未邀请的媒体前来参会，是否接待他们取决于活动主办方和会议主题，应及时向上级领导汇报，一般情况下最好放宽条件，而不要约束过严
活动前	最好能于活动前召开简短的媒体说明会，向媒体说明活动的目的、参会领导与嘉宾、宣传重点，协助媒体有针对性地进行拍摄和访问
活动中	随时留意媒体的需求，协助其解决问题，并注意维持采访秩序
活动后	活动后可以安排媒体沟通会，由领导直接介绍活动情况，并回答记者提出的问题；秘书要为召开媒体沟通会提供必需的信息资料，使领导能更好地向新闻媒体介绍活动情况，回答记者的提问
着装礼仪	工作人员应着正装或企业工装，衣着一定要整洁；统一佩戴公司工作牌或徽章
语言表达礼仪	讲普通话、用语礼貌、语气委婉；不随意发表意见；不直接拒绝或推卸责任，严禁出现“我觉得”“无可奉告”“不知道”等词语
态度	接待媒体人员要做到考虑周全、态度诚恳热情，尊重媒体人员的合理要求，及时予以配合，以树立良好的企业形象
	注意掌握活动的保密度，做到内外有别，对于活动中涉及的机密问题，应严守保密原则，不能向新闻媒体泄露机密

5. 做好后期沟通工作

（1）撰写新闻报道稿件，并提请领导审阅；在活动结束后第二天将最终的电子版新闻通稿发到媒体邮箱。

（2）核实新闻报道发布情况，结算相关费用。

（3）整理汇总媒体登记资料，总结媒体在活动中的表现，总结本次活动经验，做好资料收集存档。

六、企业出现危机时与新闻媒体的沟通

任何企业在生存和发展过程中都有可能遭遇危机。在企业出现危机时，企业会成为各媒体关注的焦点，媒体会在第一时间进行采访和报道。因此，应对媒体，是企业危机沟通中重要的内容之一。秘书一般会成为媒体采访和打听消息的对象。那么，在企业出现危机时，应该如何应对媒体？如何与媒体进行沟通呢？

1. 危机沟通的“3T”原则

企业在面对危机事件时要勇于承担责任、真诚沟通、尊重事实、快速反应，避免事态的进一步扩大。危机沟通的核心是信息的传递和沟通，英国危机公关专家迈克尔·里杰斯特曾提出了著名的危机沟通“3T”原则。

（1）主动提供情况（Tell your own tale）。当企业遇到危机，媒体常常会对企业进行实

时监控，如果企业不能主动提供情况，很容易造成信息的误导和扭曲，使事态向对企业不利的方向发展，因此，企业应该做到由专人主动向媒体提供信息，成为信息发布的主渠道。

（2）提供全部情况（Tell it all）。在互联网高度发达的时代，媒体可以在短时间内获得大量信息。这要求企业在提供情况时尽可能提供全部的事实，尤其是已经被确认的问题；对于暂时无法解答的问题，必须给予真诚的说明。如："我们暂时还无法确认您所说的情况是否属实，不过我们会尽快调查清楚，给大众一个准确的回复。"

（3）尽快提供情况（Tell it fast）。危机事件出现后的 24 小时是应对危机的最佳时机，通常被称为危机处理的"黄金 24 小时"。所以企业应该"先声夺人"，第一时间提供情况，避免谣言的出现和扩散，降低危机事件处理的难度。企业在危机沟通中一定要保持主动、真诚的沟通态度，及时与媒体联系，承担应有的责任，才有利于危机的解决和企业形象的重塑。

2. 危机沟通中应对媒体的策略和技巧

秘书在危机沟通中要接待和应对媒体，为了顺利解决问题，秘书要在态度和行为上注意以下几点。

（1）选择合适的媒体，主动与之沟通。应该选择影响范围大，实力较强，与企业保持较密切联系的媒体，主动与之沟通，引导舆论的主要方向，并通过这些媒体影响其他媒体的报道。

（2）礼貌、友好地对待媒体。对待所有媒体，包括不够友好的媒体都要保持礼貌、友好的态度，维护与媒体的关系，为记者提供方便，避免由此产生新的问题。

（3）注意言辞，不擅自与媒体做单独会晤和解释。企业的危机信息发布应由企业专人负责。如秘书未被指定为新闻发布人，则不应该就危机事件擅自与媒体会晤和做任何解释，应该请媒体联系企业的新闻发布人应对。并与之统一口径，不含糊其辞，回答"无可奉告"等容易引起误解及怀疑的话语。

（4）选择合适的沟通地点。如要召开新闻发布会，除了按日常工作中接待媒体的程序进行外，还要特别注意会议地点的选择。一般地点可选择在事发地，这有利于展现企业勇于面对事实、承担责任的形象。但同时也要注意不能离现场太近，因为有些重大危机特别是灾难性危机的现场会带来不利的气氛。

（5）对企业的资料进行筛选、核查。对外播放的广告宣传片、发放给媒体的资料要重点筛选、核查，确定是否需要重新拍摄或打印资料。对提供给媒体的新闻稿进行仔细的核对和检查，避免出现表述上的问题。

秘书在危机沟通中具有重要的作用，言行举止都将影响媒体及大众对企业的认识，因此在危机沟通中一定要严格要求自己，协助企业做好各项危机公关活动，并且要谨言慎行。

巩固训练

王明是乐之化妆品公司宣传部肖部长的秘书。乐之化妆品公司已与德国某公司达成贸易合作意向，拟联合开发女性护肤品，并将在明天上午10点举行正式签约仪式暨记者招待会。肖部长交代王明与《××时报》的记者刘红女士确认参会情况，并负责其采访接待工作。

请根据以上情境，按照秘书与新闻媒体联系和接待的流程，设计接待方案，并模拟完成王明与刘红联系及见面的全过程。

职业技能鉴定指导

▶ 知识技能复习要点

1. 能理解与新闻媒体沟通的意义；
2. 能掌握与新闻媒体沟通的内容和方式；
3. 会运用与新闻媒体沟通的技巧；
4. 能联系和接待新闻媒体。

▶ 模拟训练

一、单项选择题

1. 电视媒体、网络媒体、广播媒体属于（　）媒体。

A. 纸质　　B. 电子　　C. 商务　　D. 平面

2. 应在活动结束后第（　）天将最终的电子版新闻通稿发到媒体邮箱。

A. 二　　B. 三　　C. 七　　D. 十

3. 尽可能在活动策划正式确定的（　）与新闻媒体进行电话沟通，提前预约媒体的时间。

A. 第二天　　B. 一周内　　C. 当天　　D. 三天内

二、多项选择题

1. 秘书在与新闻媒体的沟通工作中扮演什么角色？（　）

A. 信息收集员及监测员　　B. 稿件撰写人

C. 关系维护者　　D. 媒体接待者

2. 与媒体进行日常沟通可采用哪些方式？（　）

A. 电子邮件、电话沟通　　B. 举办媒体联谊会

C. 赠送企业纪念品　　D. 当面进行情感交流

3. 接待媒体时应注意的礼仪有（　）。

A. 着装整洁统一　　B. 用语礼貌

C. 考虑周全　　D. 诚恳热情

三、判断题

1. 在公司活动前一天再通知媒体来参加即可。（　）
2. 活动结束后与媒体的沟通便终止了。（　）
3. 在活动中不可以接受媒体临时提出的要求。（　）

4. 秘书只是新闻媒体的接待者。（　）

5. 媒体接待结束后要及时汇总整理媒体的联系方式和参会情况。（　）

四、技能实训题

消费者使用乐之化妆品公司近期推出的一款润唇膏后出现了过敏现象，这一问题一经报道产生很大的社会反响，公司形象受到严重影响。经公司研究决定，宣传部要召开一次新闻发布会。请以宣传部肖部长的秘书小林的身份模拟联系接待媒体的过程。

任务评价

任务学习评价表

评价项目	评价关键点	配分	自评分	互评分	教师评分
联系媒体	能获取相关媒体的联系方式	10			
	能制作和发送媒体邀请函	5			
	能选择合适的联系时间	10			
	能阐述活动重点吸引媒体	5			
	能制作媒体人员登记表和工作牌	5			
接待媒体	能做好媒体登记及资料发放	5			
	能协助领导召开简短的媒体说明会	15			
	能组织媒体拍照和采访	10			
	能灵活应对突发状况	10			
后期沟通	能撰写新闻稿	15			
	能跟进新闻报道	5			
	能做好资料汇总	5			
合　计		100			

职业院校“双证书”课题实验教材
文秘专业

教育部中等职业学校专业教学标准

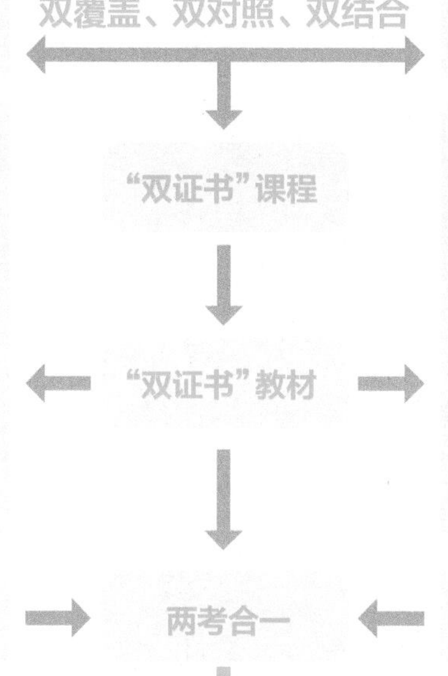

人力资源和社会保障部国家职业技能标准

作为教学用书：

“双证书”教材的开发系以专业为单位，教材选题名称和内容均根据教育部颁布的专业教学标准所规定的课程确定。本次组织开发的“双证书”教材，均经教育部“全国职业教育教材审定委员会”审定，被确定为“十二五”职业教育国家规划教材。

作为职业技能鉴定考试用书：

教材内容覆盖了相应国家职业技能标准的要求：对于首选和次选职业资格证书，“双证书”教材内容覆盖了大部分四级和五级职业技能标准的要求；对于备选职业资格证书，“双证书”教材内容覆盖了全部五级职业技能标准的要求。经人力资源和社会保障部职业技能鉴定中心审定，确定为“职业院校‘双证书’课题实验教材”。

学校课程考试考核

职业技能鉴定考试

考务政策请与当地省级职业技能鉴定（指导）中心联系咨询

教材使用说明

教材识别

职业院校“双证书”课题实验教材，均由人力资源和社会保障部职业技能鉴定中心《职业院校“双证书”课题实验教材目录》给予公告，采用专用的标识，并在封底加贴唯一识别编码。需参加职业技能鉴定的学员，请在使用本系列教材前，登录“双证书教材服务平台（http://sz.nvq.net.cn）”，进行信息登记，以便记录学习过程信息和获取学习支持。

配套资源

- **学生资源：** 教材另配数字学习资源，学生可在“双证书教材服务平台”上登录后，免费下载相关学习资源。
- **教师资源：** 教材配有相应模拟试卷，任课教师经过授权并登录“双证书教材服务平台”，填写有关信息后，可免费下载。也可向试点地区的职业技能鉴定指导机构、有关出版单位索取。
- **题库建设：** 各专业的“双证书”课程和综合实训课程的考试试题，可由试点地区职业技能鉴定中心根据本系列教材，组织职业院校教师、行业企业专家共同命题组卷。对于符合国家职业技能鉴定题库技术要求的试题，可推荐收录到国家题库中。

教材体系

文秘专业“双证书”教材体系由《文书拟写与处理》《会议组织与管理》《办公室事务管理》《企业行政管理》《沟通技能训练》《办公设备使用与维护》《办公软件应用》7本教材组成，另配有综合实训教材1本，这8本教材基本上覆盖了秘书国家职业技能标准的基本要求和五级、四级工作要求。

希望各地职业技能鉴定机构、职业院校和我们一同努力，积极探索符合职业院校特点、对接国家职业技能标准、课程考试与职业技能鉴定“两考合一”的职业院校学生评价体系和“教学训考”资源开发使用模式。

有关职业院校“双证书”课题实验教材的具体问题和反馈意见可咨询人力资源和社会保障部职业技能鉴定中心课题组。

联系方式：

人力资源和社会保障部职业技能鉴定中心　**许　远**　vocscum@qq.com, 010-84661204

外语教学与研究出版社职教分社　**王志艳**　3300217@qq.com, 010-88819479

外研社“十二五”职业教育国家规划教材（中职）

职业院校“双证书”课题实验教材

序号	书名	主编	书号（ISBN）	定价/元
1	机械制造技术	龚雯，戴文玉	978-7-5135-5809-9	35
2	车削加工技术与技能	田华	978-7-5135-5808-2	37
3	数控车削加工技术与技能	李东君，文娟萍	978-7-5135-5818-1	28
4	数控铣削加工技术与技能	李东君	978-7-5135-5817-4	31
5	汽车构造与拆装(上)	祁翠琴	978-7-5135-5813-6	32
6	汽车构造与拆装（下）	祁翠琴	978-7-5135-5807-5	29
7	汽车拆装实训	詹远武	978-7-5135-5810-5	33
8	汽车电控系统检修	闫炳强	978-7-5135-5815-0	32
9	汽车制造工艺	李东兵	978-7-5135-5812-9	29
10	典型机床电气故障诊断与维修	邱寿昆	978-7-5135-5800-6	28
11	电工技能实训	周皓，周军	978-7-5135-5801-3	24
12	机械拆装技能实训	韩树明，成建群	978-7-5135-5803-7	32
13	电器与PLC控制技术	周占怀	978-7-5135-5804-4	34
14	气动与液压传动	郑勇，王稳	978-7-5135-5764-1	35
15	钳工技能实训	郑爱权，倪红海	978-7-5135-5805-1	35
16	沟通技能训练	廉捷	978-7-5135-5784-9	29
17	办公设备使用与维护	姜绍辉	978-7-5135-5785-6	33
18	办公软件应用	李星华，孟德花	978-7-5135-5786-3	34
19	会议组织与管理	楼红霞	978-7-5135-5790-0	34
20	文书拟写与处理	张琼华	978-7-5135-5788-7	35
21	企业行政管理	林淑贞	978-7-5135-5789-4	28
22	PLC与变频器应用技术	岳丽英	978-7-5135-5802-0	30
23	焊接结构生产	王冠雄	978-7-5135-5806-8	34

非“双证书”教材

序号	书名	主编	书号	定价
1	电子商务物流	周云斌	978-7-5135-6052-8	25
2	电子商务基础	梁海波	978-7-5135-6053-5	34
3	网络营销实务	刘春青	978-7-5135-6054-2	35
4	商品拍摄与图片处理	丛日东	978-7-5135-6055-9	50
5	店铺运营	蓝魏，李平	978-7-5135-6056-6	35
6	网页设计	鱼东彪	978-7-5135-6057-3	26
7	电子商务客户服务	张元生	978-7-5135-6058-0	29
8	网站内容编辑	宋爱华	978-7-5135-6059-7	32
9	财务基础	李博	978-7-5135-6122-8	34

说明：教材都配有丰富的教学资源，使用教材的读者可登录http://vep.fltrp.com自行下载；也可与编辑联系索取：王志艳，3300217@qq.com。欢迎一线教师加入外研社作者队伍，共同开发优质教材及配套资源。